GROWTH HACKING
TÉCNICAS PARA ACELERAR TU NEGOCIO

POR LEA RODRIGUEZ

Growth Hacking

TÉCNICAS PARA ACELERAR TU NEGOCIO

Sobre el autor

Nacido en Argentina de 1977, Emprendedor con más de una década de experiencia en el campo del marketing digital y el E-Commerce. Fundador CEO de CSSport, una exitosa tienda online de ropa para deportiva que ha demostrado habilidad para aplicar las estrategias innovadoras y acelerar el crecimiento de los negocios.

Comunicador efectivo y un líder inspirador que se dedica a compartir sus conocimientos y experiencias con otros profesionales y emprendedores.

Leandro Rodriguez

Índice

01 Introducción al Growth Hacking

9

02 Mentalidad de Growth Hacker

18

03 Entendiendo tu Producto y Mercado

33

04 Estrategias de Adquisición de Clientes

58

05 Activación y Retención de Usuarios

96

06 Monetización y Crecimiento de Ingresos

113

07 Análisis y Optimización Continua

128

08 Casos de Estudio y Ejemplos Reales

137

Índice

09 Herramientas Esenciales para el
Growth Hacker   144

10 Plan de Acción para tu Estrategia
                                                 153

11 Glosario de términos
                                                 166

Capítulo 1: Introducción al Growth Hacking

No podemos empezar sin antes saber que es y por que es importante para las empresas aplicarlo.

En el dinámico y competitivo mundo del marketing digital, el término "growth hacking" ha emergido como una estrategia esencial para aquellas empresas que buscan un crecimiento rápido y sostenido. Sin embargo, el concepto va más allá de las técnicas tradicionales de marketing; es una mentalidad, una metodología y, en muchos sentidos, un enfoque revolucionario para el crecimiento empresarial

Orígenes y Evolución

El término "growth hacking" fue acuñado por Sean Ellis en 2010. Ellis, conocido por su trabajo en empresas como Dropbox y LogMeIn, necesitaba una forma de describir su enfoque único para el crecimiento. En lugar de seguir las tácticas tradicionales de marketing, Ellis se enfocaba en encontrar oportunidades de crecimiento rápidas y escalables a través de la experimentación y el análisis de datos.

Desde sus inicios, el growth hacking ha evolucionado y se ha adaptado a diversas industrias y modelos de negocio. Empresas como Airbnb, Uber y LinkedIn han utilizado estrategias de growth hacking para alcanzar el éxito que conocemos hoy.

Estos casos de éxito han demostrado que el growth hacking no es solo una moda pasajera, sino una metodología eficaz para lograr un crecimiento exponencial.

Mentalidad

En el proximo capitulo abarcaremos en detalle sobre este tema, pero para que vallas teniendo una idea
la mentalidad del growth hacker se centra en la creatividad, la curiosidad y la innovación. A diferencia de los enfoques de marketing tradicionales que pueden ser rígidos y lineales, el growth hacking se basa en la experimentación constante y la búsqueda de nuevas oportunidades. Los growth hackers son solucionadores de problemas que utilizan datos y análisis para tomar decisiones informadas y adaptar sus estrategias en tiempo real.

Esta mentalidad requiere una disposición para asumir riesgos y aceptar el fracaso como parte del proceso. Cada experimento, ya sea exitoso o no, proporciona información valiosa que puede usarse para refinar y mejorar las estrategias futuras. La clave es mantener una mentalidad abierta y estar dispuesto a pivotar rápidamente cuando sea necesario.

Componentes Clave del Growth Hacking

Se sustenta en varios componentes clave que, cuando se combinan, crean una potente estrategia de crecimiento:

1. **Creatividad e Innovación:** La capacidad de idear soluciones novedosas y fuera de lo común para captar y retener usuarios.
2. **Análisis de Datos:** El uso de datos para tomar decisiones informadas y medir el éxito de las estrategias implementadas.
3. **Experimentación Continua:** La realización de pruebas y experimentos constantes para identificar las tácticas más efectivas.
4. **Automatización:** El uso de herramientas y tecnologías para escalar las estrategias de crecimiento de manera eficiente.
5. **Enfoque en el Usuario:** Comprender las necesidades y comportamientos de los usuarios para ofrecerles valor de manera efectiva.
6. **Iteración Rápida:** La capacidad de implementar cambios y mejoras rápidamente en respuesta a los resultados de los experimentos. La iteración rápida permite ajustar las estrategias de manera ágil, aprovechando las oportunidades emergentes y corrigiendo rápidamente cualquier error.

Diferencias entre Growth Hacking y Marketing Tradicional

Aunque el growth hacking y el marketing tradicional comparten el objetivo común de atraer y retener clientes, existen diferencias significativas en su enfoque y ejecución. El marketing tradicional a menudo se centra en campañas a largo plazo y en la construcción de la marca a través de medios masivos. Por otro lado, el growth hacking se enfoca en tácticas rápidas y medibles que pueden generar resultados inmediatos.

El marketing tradicional puede ser más costoso y lento en términos de implementación y ajuste. En contraste, el growth hacking utiliza recursos limitados de manera eficiente, priorizando las estrategias que ofrecen el mayor retorno de inversión. Este enfoque ágil permite a las empresas adaptarse rápidamente a las cambiantes condiciones del mercado y a las necesidades de los clientes.

Ejemplo Práctico: TechGenius

Contexto: TechGenius es una empresa que ha desarrollado un software de productividad para pequeñas empresas. La empresa quiere aumentar su base de usuarios y suscriptores pagados.

Marketing Tradicional Estrategia:

1. **Publicidad en Medios Masivos:** TechGenius decide lanzar una campaña publicitaria en televisión y en revistas empresariales. La campaña incluye anuncios atractivos que destacan las características y beneficios del software.
2. **Relaciones Públicas:** La empresa contrata una agencia de relaciones públicas para obtener cobertura en periódicos y revistas relevantes. También organizan una conferencia de prensa para anunciar el lanzamiento del software.
3. **Ferias y Eventos:** TechGenius participa en ferias comerciales y eventos de la industria, montando stands y distribuyendo folletos y muestras del software.
4. **Marketing Directo:** La empresa envía correos físicos a potenciales clientes con descuentos exclusivos y pruebas gratuitas del software.

Resultados:
- Costo Alto: Las campañas en televisión, revistas y eventos son caras.
- Medición Difusa: Es difícil medir con precisión el impacto directo de estas campañas en las ventas.
- Tiempo Prolongado: Los resultados de estas campañas suelen tardar meses en reflejarse en las métricas de negocio.

Growth Hacking Estrategia:

1. **Optimización de la Página Web:** TechGenius realiza pruebas A/B en su página de inicio para identificar los elementos que mejoran la tasa de conversión. Utilizan herramientas como Google Optimize para realizar experimentos continuos.

2. **Marketing de Contenidos:** Crean contenido valioso en su blog, como guías, tutoriales y estudios de caso sobre cómo su software puede aumentar la productividad. Utilizan técnicas SEO para asegurar que el contenido sea fácilmente encontrado en buscadores.

3. **Referencias y Programas de Afiliados**: Implementan un programa de referidos donde los usuarios actuales pueden invitar a otros y recibir beneficios, como meses gratuitos o descuentos. También colaboran con influencers del sector tecnológico para llegar a su audiencia.

4. **Automatización de Email Marketing:** Utilizan herramientas de automatización para enviar correos electrónicos personalizados basados en el comportamiento del usuario, como recordatorios de prueba gratuita y recomendaciones de características relevantes del software.

5..**Growth Loops:** Diseñan un loop de crecimiento viral donde cada nuevo usuario puede invitar a otros, creando un efecto de bola de nieve que incrementa la base de usuarios exponencialmente.

Resultados:
- Costo Bajo: Las estrategias digitales, como las pruebas A/B y el marketing de contenidos, son más económicas.
- Medición Precisa: Cada experimento y campaña puede ser medido y ajustado en tiempo real, utilizando analíticas detalladas.
- Resultados Rápidos: Las tácticas de growth hacking pueden mostrar resultados en semanas o incluso días, permitiendo ajustes rápidos y continuos.

Comparación y Diferencias

Enfoque
- **Marketing Tradicional:** Se enfoca en campañas de gran escala y a largo plazo, utilizando medios masivos y estrategias generales.
- **Growth Hacking:** Se enfoca en tácticas específicas y medibles, optimizando cada aspecto del proceso de adquisición y retención de usuarios.

Recursos
- **Marketing Tradicional:** Requiere una inversión significativa en publicidad y relaciones públicas.
- **Growth Hacking:** Utiliza recursos limitados de manera eficiente, priorizando experimentos rápidos y de bajo costo.

Medición
- **Marketing Tradicional:** La medición del éxito puede ser menos precisa y más difusa.
- **Growth Hacking:** La medición es precisa y en tiempo real, permitiendo ajustes constantes basados en datos.

Resultados
- **Marketing Tradicional:** Los resultados suelen ser más lentos y difíciles de atribuir directamente a las campañas.
- **Growth Hacking:** Los resultados son rápidos y directamente atribuibles a las tácticas implementadas.

Qué es realmente?

Para finalizar este capítulo te explicare su significado asi ya sabiendo esto empezaremos con las Técnicas y estrategias empresariales mas adelante.

El growth hacking es un enfoque de marketing que se centra en el crecimiento rápido y sostenible mediante la utilización de técnicas innovadoras y basadas en datos. A diferencia del marketing tradicional, que puede ser costoso y lento, prioriza la eficiencia y la creatividad para maximizar los resultados con recursos limitados.
En esencia, combina la analítica, la tecnología y la creatividad para identificar y aprovechar oportunidades de crecimiento.

Los growth hackers utilizan una variedad de tácticas, desde la optimización de la conversión y el marketing de contenidos hasta el SEO y las redes sociales, siempre con un enfoque en la experimentación y el análisis de datos.

El objetivo final del growth hacking es encontrar las estrategias más efectivas para atraer, retener y convertir usuarios, impulsando el crecimiento de la empresa de manera exponencial y sostenible.

Capítulo 2: Mentalidad de Growth Hacker

Para convertirse en un growth hacker exitoso, no solo es necesario conocer las técnicas y herramientas adecuadas, sino también adoptar una mentalidad específica que promueva la innovación y el crecimiento continuo. En este capítulo, exploraremos los pilares fundamentales de esta mentalidad: el pensamiento disruptivo e innovador, la cultura de experimentación y aprendizaje continuo, y la importancia de los datos en la toma de decisiones.

Pensamiento Disruptivo e Innovador

El pensamiento disruptivo e innovador es el núcleo de la mentalidad de un growth hacker. En lugar de conformarse con las estrategias tradicionales y convencionales, los growth hackers buscan constantemente nuevas maneras de abordar problemas y oportunidades de crecimiento.

¿Qué es el Pensamiento Disruptivo?

El pensamiento disruptivo implica desafiar el status quo y considerar soluciones que pueden parecer poco ortodoxas o radicales. Este enfoque no teme romper las reglas establecidas para crear algo nuevo y valioso. Las innovaciones disruptivas a menudo comienzan en nichos de mercado y, con el tiempo, pueden cambiar completamente la forma en que una industria opera.

Cómo Fomentar el Pensamiento Disruptivo

1. **Fomentar la Curiosidad:** Un growth hacker debe ser curioso por naturaleza, siempre preguntándose "¿y si?" y explorando nuevas posibilidades.
2. **Aceptación del Fracaso:** Ver el fracaso como una oportunidad de aprendizaje más que como un obstáculo insuperable. Cada error proporciona datos valiosos sobre lo que no funciona.
3. **Diversidad de Pensamiento:** Involucrar a personas con diferentes antecedentes y perspectivas para aportar ideas frescas y diferentes enfoques.
4. **Ambiente de Trabajo Colaborativo:** Crear un entorno donde se valoren y consideren todas las ideas, sin importar cuán inusuales puedan parecer.

.

Cultura de Experimentación y Aprendizaje Continuo

La experimentación es el motor del growth hacking. Los growth hackers operan en un ciclo continuo de prueba y error, utilizando cada experimento como una oportunidad para aprender y optimizar sus estrategias.

El Ciclo de Experimentación
1. Hipótesis: Formular hipótesis claras sobre cómo mejorar el crecimiento. Estas hipótesis deben ser específicas, medibles y basadas en datos previos.

2.**Prueba:** Implementar experimentos para probar estas hipótesis. Es crucial utilizar métodos científicos para asegurar que los resultados sean válidos y replicables.

3.**Medición:** Recopilar y analizar los datos resultantes del experimento para evaluar su éxito o fracaso.

4.**Iteración:** Basándose en los resultados, refinar la hipótesis y el enfoque, y repetir el ciclo

Fomentar una Cultura de Aprendizaje

1. **Documentación de Resultados**: Mantener registros detallados de todos los experimentos, incluidos los fallidos, para construir un conocimiento acumulativo.

2. **Revisión Constante**: Evaluar periódicamente las estrategias y técnicas utilizadas para identificar áreas de mejora y ajustar los enfoques.

3. **Capacitación Continua:** Promover el aprendizaje y el desarrollo profesional mediante la capacitación constante y el intercambio de conocimientos dentro del equipo.

4. **Mentalidad de Crecimiento:** Adoptar una mentalidad de crecimiento que valore el aprendizaje constante y la mejora continua, fomentando la resiliencia y la adaptabilidad.

La Importancia de los Datos en la Toma de Decisiones

En el corazón del growth hacking está la dependencia de los datos para guiar todas las decisiones estratégicas. Los datos proporcionan una base objetiva para evaluar el rendimiento de diferentes tácticas y determinar las áreas de oportunidad.

Tipos de Datos Cruciales
1. **Datos Cuantitativos:** Números y métricas que pueden ser medidos y analizados estadísticamente, como las tasas de conversión, el tráfico web, y las métricas de engagement.
2. **Datos Cualitativos:** Información más subjetiva que proporciona contexto y entendimiento profundo, como las opiniones de los clientes y las encuestas de satisfacción.
3. **Datos en Tiempo Real:** Datos actualizados al momento que permiten a los growth hackers tomar decisiones rápidas y adaptarse a cambios inmediatos en el comportamiento del usuario o las condiciones del mercado.

Herramientas para el Análisis de Datos
1. Google Analytics: Para rastrear y analizar el tráfico web y el comportamiento del usuario.

2.Hotjar: Para obtener datos cualitativos a través de mapas de calor y grabaciones de sesiones de usuario.

3.Mixpanel: Para el análisis avanzado de la interacción del usuario con aplicaciones y sitios web.

4.A/B Testing Tools (como Optimizely o VWO): Para realizar pruebas controladas y medir el impacto de diferentes variaciones.

Estrategias para Aprovechar los Datos

Definición Clara de Objetivos y KPIs

- Antes de comenzar cualquier análisis, es crucial definir claramente los objetivos del negocio y los indicadores clave de rendimiento (KPIs) que se alineen con estos objetivos. Esto asegura que el análisis de datos se enfoque en métricas relevantes y útiles.

Segmentación de Datos

- Segmentar los datos en diferentes categorías, como demografía, comportamiento del usuario, origen del tráfico, etc., permite un análisis más detallado y específico. Esto ayuda a identificar patrones y tendencias que pueden ser explotados para mejorar la estrategia de crecimiento.

Implementación de Herramientas Analíticas Avanzadas

- Utilizar herramientas analíticas como Google Analytics, Mixpanel, Hotjar, y otras, para recopilar y analizar datos. Estas herramientas proporcionan información detallada sobre el comportamiento del usuario y el rendimiento del sitio web o la aplicación.

Uso de Data Dashboards

- Crear dashboards personalizados que muestren las métricas clave en tiempo real. Estos paneles ayudan a monitorear el rendimiento continuamente y a tomar decisiones rápidas basadas en datos actualizados.

Técnicas para Aprovechar los Datos

A/B Testing

- Realizar pruebas A/B para comparar dos versiones de una página web o una aplicación y determinar cuál funciona mejor en términos de conversiones u otras métricas clave. Esta técnica permite hacer mejoras basadas en datos concretos.

Cohort Analysis

- Utilizar análisis de cohortes para estudiar cómo diferentes grupos de usuarios se comportan a lo largo del tiempo. Esto puede revelar información valiosa sobre la retención de usuarios y las razones detrás del abandono.

Customer Journey Mapping

- Crear mapas del recorrido del cliente para visualizar cómo los usuarios interactúan con el producto o servicio desde el primer contacto hasta la conversión final. Esto ayuda a identificar puntos de fricción y oportunidades para mejorar la experiencia del usuario.

Predictive Analytics

- Utilizar análisis predictivo para anticipar tendencias futuras y comportamientos del usuario basados en datos históricos. Las técnicas de machine learning y modelos predictivos pueden proporcionar insights sobre cómo se desarrollarán las métricas clave en el futuro.

Personalización

- Implementar estrategias de personalización basadas en datos del comportamiento del usuario.

Información Relevante para el Análisis de Datos

Tasa de Conversión
- Medir cuántos visitantes realizan una acción deseada, como comprar un producto o suscribirse a un boletín. Esto ayuda a evaluar la efectividad de las estrategias de marketing y optimización de la página.

Customer Lifetime Value (CLV)
- Calcular el valor total que un cliente aporta al negocio durante toda su relación con la empresa. Esta métrica es crucial para entender la rentabilidad a largo plazo y orientar las estrategias de retención de clientes.

Churn Rate
- Analizar la tasa de abandono de clientes para identificar problemas en la retención y desarrollar estrategias para reducir el churn.

Engagement Metrics
- Medir la interacción de los usuarios con el contenido, como clics, compartidos, comentarios y tiempo de permanencia en el sitio. Estas métricas ayudan a evaluar qué contenido es más efectivo y cómo los usuarios interactúan con la plataforma.

Customer Feedback

- ○ Recopilar y analizar retroalimentación directa de los clientes a través de encuestas, entrevistas, y comentarios. Esta información cualitativa complementa los datos cuantitativos y proporciona un panorama completo de la satisfacción del cliente.

Crear una Estrategia Basada en Datos

Recopilación de Datos

Implementar sistemas y herramientas para recopilar datos de todas las interacciones del usuario con la marca. Esto incluye el uso de cookies, seguimiento de eventos, y análisis de datos en redes sociales.

Análisis de Datos

Realizar análisis detallados para identificar patrones, tendencias y áreas de oportunidad. Utilizar técnicas estadísticas y de minería de datos para extraer insights valiosos.

Toma de Decisiones Informada

Basar las decisiones estratégicas en los insights obtenidos del análisis de datos. Esto incluye ajustar campañas de marketing, optimizar el sitio web, y personalizar la experiencia del usuario.

Monitoreo y Ajuste Continuo

Monitorear continuamente las métricas clave y ajustar las estrategias en función de los resultados. La iteración y la mejora constante son esenciales para el éxito a largo plazo.

La integración de datos en la toma de decisiones estratégicas permite a las empresas ser más ágiles, eficientes y efectivas en su enfoque de crecimiento. Adoptar una cultura basada en datos no solo mejora el rendimiento actual, sino que también prepara a la empresa para enfrentar futuros desafíos y oportunidades con confianza.

Cómo Usar Google Analytics para Sacar Provecho de esta Herramienta Indispensable

Google Analytics es una de las herramientas más poderosas y completas para analizar el rendimiento de tu sitio web y comprender el comportamiento de tus visitantes. A continuación, te mostramos cómo aprovechar al máximo esta herramienta indispensable para tu negocio.

Configura Google Analytics Correctamente

Antes de comenzar a usar Google Analytics, es crucial configurarlo adecuadamente para asegurarte de que estás recolectando datos precisos.

- Crea una Cuenta: Si aún no tienes una cuenta, dirígete a Google Analytics y crea una.
- Añade tu Sitio Web: Sigue las instrucciones para agregar tu sitio web a la cuenta de Google Analytics.
- Instala el Código de Seguimiento: Copia el código de seguimiento proporcionado y pégalo en todas las páginas de tu sitio web, justo antes de la etiqueta </head>.
- Configura Objetivos: Establece objetivos (como compras, registros, etc.) para medir las conversiones en tu sitio web.

Comprende las Métricas Básicas

Familiarízate con las métricas básicas que Google Analytics ofrece:
- Usuarios: Número de personas que visitan tu sitio.
- Sesiones: Número de visitas individuales a tu sitio.
- Tasa de Rebote: Porcentaje de visitantes que abandonan el sitio después de ver solo una página.
- Duración Media de la Sesión: Tiempo promedio que los usuarios pasan en tu sitio.
- Páginas por Sesión: Número promedio de páginas que un usuario visita durante una sesión.

Analiza el Tráfico de tu Sitio Web

Comprender de dónde proviene tu tráfico es fundamental para optimizar tus esfuerzos de marketing.

- **Adquisición**: En el informe de adquisición, puedes ver las principales fuentes de tráfico a tu sitio web (orgánico, directo, social, referencial, etc.).
- **Canales**: Divide el tráfico en canales para ver cuál es el más efectivo.
- **Referencias**: Descubre qué sitios web están dirigiendo tráfico a tu sitio.

Explora el Comportamiento de los Usuarios
Analizar el comportamiento de los usuarios te ayuda a entender cómo interactúan con tu sitio.
- Páginas de Destino: Identifica las páginas de entrada más populares y optimízalas para mejorar la experiencia del usuario.
- Flujo de Comportamiento: Visualiza el recorrido que hacen los usuarios por tu sitio y detecta dónde abandonan el proceso.
- Páginas Más Vistas: Conoce cuáles son las páginas más visitadas y asegúrate de que estén bien optimizadas.

Monitorea las Conversiones
Las conversiones son cruciales para medir el éxito de tus objetivos.
- Conversiones: Configura el seguimiento de conversiones para medir cuántos usuarios completan acciones valiosas en tu sitio.

- **Embudos de Conversión**: Define y analiza los pasos que siguen los usuarios para completar una conversión. Esto te ayuda a identificar puntos de abandono y áreas de mejora.
- **Informes de Objetivos**: Utiliza estos informes para ver el rendimiento de tus objetivos y ajustar tus estrategias en consecuencia.

Utiliza Informes Personalizados

Los informes personalizados te permiten enfocarte en métricas y dimensiones específicas relevantes para tu negocio.

Crea Informes Personalizados: Define las métricas y dimensiones que deseas analizar y guarda estos informes para un acceso rápido.

Paneles Personalizados: Agrupa varios informes en un solo panel para tener una vista integral de tus métricas clave.

Realiza Pruebas A/B

Las pruebas A/B son esenciales para optimizar tu sitio web y tus campañas de marketing.

Google Optimize: Integra Google Optimize con Google Analytics para realizar pruebas A/B y ver los resultados directamente en tus informes de Analytics.

Pruebas A/B: Experimenta con diferentes versiones de páginas o elementos para determinar qué funciona mejor y mejora las tasas de conversión.

Implementa el Seguimiento de Eventos

El seguimiento de eventos te permite medir interacciones específicas en tu sitio que no se registran como vistas de página.

Eventos: Configura eventos para rastrear acciones como clics en botones, descargas de archivos, reproducciones de videos, etc.

Categorías y Acciones de Eventos: Organiza los eventos en categorías y acciones para facilitar el análisis.

Automatiza los Informes

Automatizar los informes te ahorra tiempo y asegura que siempre estés al tanto de las métricas importantes.

Programar Informes: Programa informes periódicos que se envíen automáticamente a tu correo electrónico o a los miembros de tu equipo.

Alertas Personalizadas: Configura alertas para recibir notificaciones cuando ciertas métricas superen o caigan por debajo de los umbrales definidos.

Mantente Actualizado con Nuevas Funcionalidades

Google Analytics se actualiza continuamente con nuevas funcionalidades y mejoras.

Capacitación Continua: Participa en cursos y seminarios web sobre Google Analytics para mantenerte al día con las mejores prácticas y nuevas características.

Experimenta con Beta Features: Prueba las nuevas funcionalidades beta para adelantarte a la competencia y mejorar tu análisis de datos.

En conclusion recomiendo que aprendas a usar esta gran herramienta para sacarle todo el jugo y tener buenos resultados y aprendas de los malos.
Google Analytics es una herramienta esencial para cualquier negocio en línea. Con una configuración adecuada y un análisis constante, puedes obtener valiosos insights sobre el comportamiento de tus usuarios, optimizar tus estrategias de marketing y mejorar significativamente el rendimiento de tu sitio web.

Capítulo 3: Entendiendo tu Producto y Mercado

La piedra angular de cualquier estrategia de growth hacking exitosa es una comprensión profunda y clara tanto del producto que ofreces como del mercado al que te diriges. Sin este conocimiento, cualquier esfuerzo de crecimiento puede convertirse en un disparo en la oscuridad, sin dirección ni efectividad. En este capítulo, nos adentraremos en las claves para entender y conectar con tu producto y tu mercado de manera que puedas maximizar tu impacto y acelerar el crecimiento de tu negocio.

Definición y Valor de tu Producto

Para empezar, es esencial tener una definición clara de tu producto y comprender el valor único que aporta. Esto implica conocer a fondo sus características, beneficios y ventajas competitivas. Pregúntate:

- ¿Qué problema resuelve tu producto?
- ¿Qué beneficios específicos ofrece a los usuarios?
- ¿Qué lo diferencia de las alternativas disponibles en el mercado?

Responder a estas preguntas te permitirá comunicar eficazmente el valor de tu producto a tus clientes potenciales y posicionarlo de manera estratégica en el mercado.

Conocer a tu Audiencia Objetivo

Entender a tu audiencia objetivo es tan crucial como conocer tu producto. Debes identificar quiénes son tus clientes ideales, cuáles son sus necesidades, deseos y comportamientos. Las siguientes herramientas y técnicas pueden ayudarte a obtener este conocimiento:

- Investigación de Mercado: Realiza estudios de mercado para recopilar datos cuantitativos y cualitativos sobre tus clientes potenciales.
- Personas Compradoras: Desarrolla perfiles detallados de tus clientes ideales basados en datos demográficos, psicográficos y comportamientos.
- Análisis de la Competencia: Estudia a tus competidores para entender mejor el mercado y descubrir oportunidades no explotadas.

Segmentación del Mercado

Una vez que entiendas a tu audiencia, el siguiente paso es segmentar el mercado. La segmentación te permite dividir a tu público objetivo en grupos más pequeños y específicos, lo cual facilita la creación de estrategias de marketing personalizadas y efectivas. Las principales bases de segmentación incluyen:

- Demográfica: Edad, género, ingresos, educación.
- Geográfica: Ubicación, región, clima.

- **Psicográfica**: Personalidad, valores, intereses, estilos de vida.
- **Conductual**: Comportamiento de compra, lealtad, uso del producto.

Ajuste Producto-Mercado

El ajuste producto-mercado (Product-Market Fit) es el punto en el cual tu producto satisface las necesidades y deseos de tu mercado objetivo mejor que cualquier otra alternativa. Alcanzar este ajuste es crucial para el éxito a largo plazo y el crecimiento sostenido. Para lograrlo, sigue estos pasos:

- Recopila Feedback: Obtén retroalimentación constante de tus usuarios y clientes para entender cómo perciben tu producto y qué mejoras necesitan.
- Itera y Mejora: Utiliza la retroalimentación para hacer ajustes y mejoras continuas a tu producto.
- Valida Hipótesis: Prueba diferentes hipótesis sobre características, precios y mensajes de marketing para ver qué resuena mejor con tu audiencia.

Métrica de Satisfacción del Cliente

Finalmente, mide la satisfacción del cliente para asegurar que estás cumpliendo con sus expectativas y generando lealtad.

Entender tu producto y tu mercado es una base fundamental para cualquier esfuerzo de growth hacking. Este conocimiento no solo te ayudará a crear estrategias de crecimiento más efectivas, sino que también te permitirá construir relaciones más sólidas y duraderas con tus clientes. En los siguientes apartados de este capítulo, profundizaremos en cada uno de estos elementos, proporcionándote herramientas y técnicas prácticas para dominar el entendimiento de tu producto y mercado.

Definición del Product-Market Fit

El concepto de Product-Market Fit (PMF) se refiere al momento en que un producto satisface de manera tan precisa las necesidades del mercado que genera una demanda natural y sostenida. Este ajuste es fundamental para el éxito de cualquier empresa, especialmente en sus primeras etapas de desarrollo. A continuación, desglosamos todos los aspectos necesarios para comprender y lograr el Product-Market Fit.

El Product-Market Fit ocurre cuando tu producto:
- Resuelve un problema significativo para un grupo definido de usuarios.

- **Es valorado y demandado** por esos usuarios de tal manera que se nota un crecimiento orgánico y una alta retención.
- **Genera recomendaciones espontáneas**: los usuarios están tan satisfechos que recomiendan tu producto a otros.

Indicadores de Product-Market Fit

¿Cómo saber si has alcanzado el Product-Market Fit? Aquí tienes algunos indicadores clave:

- Alta Retención de Usuarios: Los usuarios no solo adoptan tu producto, sino que lo usan recurrentemente.
- Crecimiento Orgánico: Observas un aumento en la base de usuarios sin necesidad de grandes esfuerzos de marketing.
- Feedback Positivo: Recibes opiniones positivas y constructivas de los usuarios que validan la utilidad y valor de tu producto.
- Elevada Satisfacción del Cliente: Medido a través de encuestas de satisfacción, NPS (Net Promoter Score), y otras métricas similares.
- Incremento en la Demanda: Aumento en ventas o usuarios sin una correlación directa con incrementos en el gasto publicitario.

Proceso para Alcanzar el Product-Market Fit

Es un proceso que incluye las siguientes fases:

1. **Investigación de Mercado y Clientes**
   - **Entrevistas y Encuestas**: Realiza entrevistas y encuestas con potenciales usuarios para entender sus necesidades y problemas.
   - **Análisis Competitivo**: Estudia a tus competidores para identificar oportunidades y carencias en el mercado.

2. **Desarrollo del Producto**
   - **Prototipado y MVP (Producto Mínimo Viable)**: Desarrolla prototipos o MVPs para probar tus hipótesis con una versión básica del producto.
   - **Iteración Rápida**: Mejora continuamente tu producto basado en el feedback recibido.

3. **Pruebas y Validación**
   - **Pruebas de Usuario**: Implementa pruebas con usuarios reales para obtener feedback directo.
   - **Métricas Clave**: Mide métricas clave como la retención, la tasa de conversión y la satisfacción del cliente para evaluar el progreso.

4. **Ajustes y Pivotaciones**
   - **Análisis del Feedback**: Analiza el feedback recibido y ajusta tu producto en consecuencia.
   - **Pivotar si es Necesario**: Si el producto no resuelve adecuadamente los problemas del usuario, pivota hacia una nueva dirección basada en los insights obtenidos.

Herramientas y Técnicas para Medir el Product-Market Fit

Encuestas de Satisfacción del Cliente

Net Promoter Score (NPS): Pregunta a los usuarios cuán probable es que recomienden tu producto a otros. Un NPS alto es un buen indicador de PMF.

Encuestas de Feedback: Preguntas como "¿Qué tan decepcionado estarías si ya no pudieras usar nuestro producto?" pueden proporcionar insights valiosos.

Análisis de Cohortes

Retención de Usuarios: Realiza análisis de cohortes para ver cómo se comportan diferentes grupos de usuarios con el tiempo. Un alto nivel de retención es una señal positiva de PMF.

Métricas de Uso y Compromiso

Duración y Frecuencia de Uso: Analiza cuánto tiempo y con qué frecuencia los usuarios utilizan tu producto.

Interacción con Funcionalidades Clave: Identifica qué funcionalidades son más utilizadas y si resuelven problemas importantes para los usuarios.

Feedback Directo

Sesiones de Usabilidad: Realiza sesiones de usabilidad para observar cómo los usuarios interactúan con tu producto y dónde encuentran dificultades.

Estrategias para Mejorarlo

Mejorar la Comunicación: Asegúrate de que el valor de tu producto esté claramente comunicado a los usuarios.

Enfocarse en el Usuario: Mantén al usuario en el centro de todas tus decisiones de desarrollo de producto.

Escalar Progresivamente: Una vez alcanzado el PMF, escala tu producto de manera controlada para mantener la calidad y satisfacción del cliente.

Iteración Constante: Nunca dejes de mejorar y ajustar tu producto basado en el feedback y el análisis de datos.

Técnicas para Identificar y Validar el Mercado Objetivo

Identificar y validar tu mercado objetivo es crucial para el éxito de cualquier estrategia de negocio, especialmente en el contexto del growth hacking. Conocer a quién te diriges y asegurarte de que existe una demanda real para tu producto o servicio puede ahorrarte tiempo y recursos valiosos. A continuación, se presentan diversas técnicas y estrategias para lograrlo de manera efectiva.

Investigación de Mercado

La investigación de mercado es el primer paso esencial para identificar tu mercado objetivo. Utiliza estas técnicas para recopilar datos relevantes:

Encuestas y Cuestionarios: Crea encuestas detalladas para comprender las necesidades, deseos y comportamientos de tus potenciales clientes. Utiliza herramientas como SurveyMonkey o Google Forms.

Entrevistas en Profundidad: Realiza entrevistas individuales para obtener información cualitativa más detallada. Las entrevistas pueden revelar insights profundos sobre las motivaciones y problemas de los usuarios.

Grupos Focales: Organiza sesiones de grupo donde varios potenciales clientes discutan sobre sus necesidades y experiencias. Esto puede proporcionar una visión más amplia de tu mercado objetivo

Análisis de Datos Demográficos y Psicográficos

Comprender los datos demográficos y psicográficos de tu audiencia te ayudará a segmentar y personalizar tus esfuerzos de marketing:

Datos Demográficos: Recopila información sobre edad, género, ingresos, educación, ubicación geográfica, entre otros.

Datos Psicográficos: Analiza aspectos relacionados con la personalidad, valores, intereses, estilos de vida y comportamientos de compra de tus clientes potenciales.

Análisis de la Competencia

Estudiar a tus competidores puede ofrecerte información valiosa sobre el mercado y ayudarte a identificar oportunidades no explotadas:

- Identificación de Competidores: Haz una lista de tus principales competidores directos e indirectos.
- Análisis SWOT: Evalúa las fortalezas, debilidades, oportunidades y amenazas de tus competidores.
- Benchmarking: Compara tus productos, servicios y estrategias con los de tus competidores para identificar áreas de mejora y diferenciación.

Mapeo de Empatía

El mapeo de empatía es una técnica útil para profundizar en la comprensión de tu audiencia objetivo. Este proceso incluye:

- Qué Ven y Escuchan: Identifica qué medios consumen, qué mensajes escuchan y qué influencias externas afectan su toma de decisiones.
- Qué Piensan y Sienten: Analiza sus miedos, frustraciones y motivaciones.
- Qué Dicen y Hacen: Observa su comportamiento en redes sociales, foros y otras plataformas.
- Qué Dificultades y Necesidades Tienen: Comprende los desafíos y problemas específicos que enfrentan.

Pruebas de Concepto y MVP (Producto Mínimo Viable)

Lanzar un MVP puede ayudarte a validar tu mercado objetivo de manera eficiente y económica:

- Desarrollo de MVP: Crea una versión básica de tu producto que incluya solo las características esenciales.
- Pruebas en el Mercado: Lanza tu MVP a un segmento limitado de tu audiencia y recopila feedback.
- Iteración Basada en Feedback: Utiliza la retroalimentación para mejorar tu producto antes de un lanzamiento más amplio.

Uso de Herramientas Analíticas

Las herramientas analíticas pueden proporcionar datos cuantitativos sobre el comportamiento y las preferencias de tu audiencia:

Google Analytics como ya lo hemos visto en el capítulo anterior, tambien Herramientas de CRM: Utiliza sistemas de gestión de relaciones con clientes (CRM) para almacenar y analizar datos sobre tus clientes. Por ultimo plataformas de Redes Sociales: Las herramientas analíticas de redes sociales, como Facebook Insights y Twitter Analytics, pueden ofrecer datos valiosos sobre la demografía y el comportamiento de tu audiencia.

Segmentación de Mercado

Segmentar tu mercado te permite crear estrategias de marketing más personalizadas y efectivas. Las principales bases para la segmentación incluyen:

- Geográfica: Segmenta según la ubicación de los clientes.
- Demográfica: Segmenta según edad, género, ingresos, educación, etc.
- Psicográfica: Segmenta según estilos de vida, intereses y valores.
- Conductual: Segmenta según el comportamiento de compra, uso del producto y lealtad.

Validación del Mercado

Una vez identificado tu mercado objetivo, es crucial validarlo para asegurarte de que existe una demanda real:

- Lanzamiento de Campañas Piloto: Ejecuta campañas de marketing en pequeño escala para medir la respuesta del mercado.
- Venta de Pruebas: Ofrece el producto a un grupo limitado de clientes y analiza las tasas de conversión y satisfacción.
- Crowdfunding: Utiliza plataformas de crowdfunding como Kickstarter o Indiegogo para validar el interés y la disposición a pagar por tu producto.

Identificar y validar tu mercado objetivo es una etapa crucial para el éxito de tu negocio. A través de una combinación de investigación de mercado, análisis de datos, herramientas analíticas y validación del producto, puedes asegurarte de que tu producto o servicio está alineado con las necesidades y deseos de tus clientes potenciales. Esta comprensión profunda no solo te ayudará a diseñar estrategias de marketing más efectivas, sino que también te permitirá crear productos que realmente resuelvan problemas y generen valor para tu audiencia.

Ahora te quiero dar tres ejemplos practicos de como usar estas estrategias para tener resultados esperados:

Ejemplo 1: Lanzamiento de una Nueva Aplicación de Fitness

Técnicas Utilizadas	Estrategia Inicial	Resultados
Encuestas, Análisis de Competencia, Pruebas de Concepto	Realizó una encuesta en línea para comprender las necesidades de fitness de los usuarios. Analizó a los competidores directos en el mercado de aplicaciones de fitness. Desarrolló un MVP con las características más solicitadas por los encuestados.	Alta tasa de respuesta en la encuesta y comentarios positivos sobre el MVP. Retención de usuarios superior al 70% después del primer mes de lanzamiento.

Ejemplo 2: Lanzamiento de un Servicio de Delivery de Comida Casera

Técnicas Utilizadas	Estrategia Inicial	Resultados
Entrevistas en Profundidad, Análisis de Datos Demográficos, Pruebas de Concepto	Realizó entrevistas en profundidad con amas de casa y profesionales ocupados para comprender sus hábitos alimenticios y preferencias de entrega. Analizó datos demográficos para identificar áreas geográficas con alta demanda de comida casera. Lanzó un servicio piloto en una zona específica para probar la viabilidad del negocio.	Feedback positivo en las entrevistas sobre la conveniencia del servicio. Incremento del 30% en las ventas durante el período piloto.

Ejemplo 3: Lanzamiento de una Plataforma de Educación Online

Técnicas Utilizadas	Estrategia Inicial	Resultados
Mapeo de Empatía, Análisis de Competencia, Validación del Mercado	Creó mapas de empatía para identificar las necesidades y frustraciones de los estudiantes y profesores. Realizó un análisis exhaustivo de la competencia en el mercado de la educación en línea. Lanzó un programa piloto gratuito para evaluar el interés y la disposición a pagar por el contenido educativo en línea.	Altas calificaciones de satisfacción de los usuarios en el programa piloto. Aumento del 50% en las inscripciones después del lanzamiento oficial.

Cómo adaptar tu producto para maximizar el crecimiento

En un mercado altamente competitivo y en constante cambio, la capacidad de adaptación es fundamental para el éxito empresarial. Este tema explora estrategias y técnicas clave para ajustar y mejorar tu producto con el fin de maximizar su crecimiento y su relevancia en el mercado.

Entendiendo las Necesidades del Mercado:
Identificación de las tendencias del mercado y las demandas cambiantes de los clientes.
Importancia de la investigación de mercado y la recopilación de feedback de los usuarios.
Análisis de la competencia y las oportunidades no exploradas.
Estrategias de Adaptación del Producto:
Desarrollo ágil y metodologías iterativas para la mejora continua del producto.
Personalización y segmentación para satisfacer las necesidades específicas de los diferentes segmentos de clientes.
Implementación de nuevas características y funcionalidades basadas en las tendencias del mercado y las necesidades del cliente.

Optimización de la Experiencia del Usuario:

Diseño centrado en el usuario y usabilidad del producto.

Mejora de la navegación y la accesibilidad para una experiencia más intuitiva.

Incorporación de retroalimentación del usuario para identificar áreas de mejora y optimización.

Escalabilidad y Flexibilidad del Producto:

Diseño modular y arquitectura escalable para adaptarse a un crecimiento rápido y cambios futuros.

Integración de sistemas y plataformas para una mayor interoperabilidad y flexibilidad.

Planificación de capacidad y gestión de recursos para soportar el crecimiento del producto.

Estrategias de Marketing y Posicionamiento:

Desarrollo de mensajes y propuestas de valor adaptados a las necesidades y deseos del mercado objetivo.

Implementación de estrategias de branding y posicionamiento para diferenciar el producto en un mercado saturado.

Utilización de datos y análisis para optimizar las estrategias de marketing y maximizar el alcance y la efectividad.

Innovación Continua y Adaptación Estratégica:
Fomento de una cultura de innovación y aprendizaje continuo dentro de la organización.
Adopción de un enfoque ágil y flexible para responder rápidamente a los cambios del mercado.
Monitoreo constante del entorno empresarial y ajuste estratégico para mantener la relevancia y la competitividad.

Encontrando un Nicho Rentable:
Estrategias para Identificar Oportunidades de Mercado

Encontrar un nicho rentable es el primer paso crucial para construir un negocio exitoso. Este proceso implica identificar áreas específicas en el mercado donde hay una demanda insatisfecha o una oportunidad para ofrecer un valor único. A continuación, se presentan estrategias efectivas para encontrar un nicho rentable incluso si aún no tienes un producto.

Investigación de Mercado:
- Utiliza herramientas como Google Trends, Keywords Everywhere o SEMrush para identificar tendencias de búsqueda y temas populares.
- Investiga en foros, grupos de redes sociales y sitios de preguntas y respuestas como Quora para identificar problemas comunes y preguntas frecuentes dentro de tu área de interés.

- Analiza la competencia para identificar brechas en el mercado y áreas donde puedas diferenciarte.

Identificación de Problemas y Necesidades del Mercado:

Realiza encuestas y entrevistas con tu público objetivo para comprender sus necesidades, frustraciones y deseos no satisfechos.

Observa patrones de comportamiento en tu industria para identificar áreas donde haya una falta de soluciones efectivas.

Analiza los comentarios de los clientes en las redes sociales, reseñas de productos y otros canales para obtener información sobre las áreas problemáticas.

Evaluación de Tu Propia Experiencia y Pasión:

Reflexiona sobre tus propias experiencias, pasiones y habilidades. ¿Hay áreas en las que tengas un conocimiento especializado o una conexión emocional?

Considera tus pasatiempos, intereses y áreas de experiencia previa que podrían traducirse en oportunidades de negocio rentables.

Evalúa si hay problemas o necesidades en tu propia vida que podrías resolver con un producto o servicio.

Análisis de Tendencias y Mercados Emergentes:

Investiga mercados emergentes y sectores en crecimiento donde haya una demanda creciente pero una competencia limitada.

Observa cambios en el comportamiento del consumidor y las preferencias del mercado que puedan crear nuevas oportunidades.

Mantente al tanto de las tendencias tecnológicas, sociales y culturales que podrían influir en las necesidades del mercado.

Validación de Ideas:

Crea una lista de posibles ideas de nicho y realiza pruebas de concepto con grupos de enfoque o encuestas en línea.

Desarrolla prototipos o muestras de productos mínimos viables (MVP) para evaluar la viabilidad y el interés del mercado.

Observa la respuesta del mercado a través de campañas de marketing experimental o prelanzamientos limitados.

Encontrar un nicho rentable requiere tiempo, investigación y creatividad, pero puede ser una parte emocionante y gratificante del proceso de creación de negocios. Al utilizar estas estrategias y técnicas, puedes identificar oportunidades de mercado lucrativas y construir un negocio exitoso basado en las necesidades y deseos del público objetivo.

Observa cambios en el comportamiento del consumidor y las preferencias del mercado que puedan crear nuevas oportunidades.

Mantente al tanto de las tendencias tecnológicas, sociales y culturales que podrían influir en las necesidades del mercado.

Validación de Ideas:

Crea una lista de posibles ideas de nicho y realiza pruebas de concepto con grupos de enfoque o encuestas en línea.

Desarrolla prototipos o muestras de productos mínimos viables (MVP) para evaluar la viabilidad y el interés del mercado.

Observa la respuesta del mercado a través de campañas de marketing experimental o prelanzamientos limitados.

Encontrar un nicho rentable requiere tiempo, investigación y creatividad, pero puede ser una parte emocionante y gratificante del proceso de creación de negocios. Al utilizar estas estrategias y técnicas, puedes identificar oportunidades de mercado lucrativas y construir un negocio exitoso basado en las necesidades y deseos del público objetivo.

Cómo Adaptar Tu Producto para Maximizar el Crecimiento

La adaptación de tu producto es esencial para mantener su relevancia y maximizar su crecimiento en un mercado dinámico y competitivo. Aquí hay algunas estrategias clave para lograrlo:

Escucha a tus clientes: Mantente en contacto constante con tus clientes para entender sus necesidades y expectativas en evolución. Utiliza encuestas, entrevistas y análisis de comentarios para recopilar información valiosa.

Análisis de datos: Utiliza herramientas de análisis de datos para comprender el comportamiento de tus usuarios y el rendimiento de tu producto. Identifica patrones, tendencias y áreas de mejora potencial.

Iteración continua: Adopta un enfoque iterativo para el desarrollo de productos. Lanza versiones mínimas viables (MVP) y recopila comentarios de los usuarios para realizar mejoras incrementales.

Personalización: Ofrece opciones de personalización para satisfacer las necesidades individuales de tus clientes. Esto puede incluir características específicas, opciones de configuración o servicios adicionales.

Expansión del mercado: Explora nuevas oportunidades de mercado y segmentos de clientes que puedan beneficiarse de tu producto. Considera adaptar tu producto para satisfacer las necesidades de estos nuevos públicos.

Optimización de la experiencia del usuario: Prioriza la usabilidad, la accesibilidad y la experiencia general del usuario. Realiza pruebas de usabilidad y recopila comentarios para identificar áreas de mejora en la experiencia del usuario.

Innovación: Fomenta una cultura de innovación dentro de tu empresa. Anima a tu equipo a proponer nuevas ideas y soluciones creativas para mejorar el producto.

Flexibilidad y escalabilidad: Diseña tu producto con la flexibilidad y la escalabilidad en mente. Esto te permitirá adaptarte rápidamente a las necesidades cambiantes del mercado y escalar tu producto según sea necesario.

Marketing efectivo: Utiliza estrategias de marketing efectivas para destacar las características únicas y los beneficios de tu producto. Comunica claramente el valor que tu producto ofrece a tus clientes.

Seguimiento y evaluación: Establece métricas de rendimiento claras y realiza un seguimiento regular del éxito de tu producto. Evalúa continuamente los resultados y ajusta tu estrategia según sea necesario para maximizar el crecimiento.

Al adaptar constantemente tu producto para satisfacer las necesidades del mercado y las expectativas de los clientes, podrás maximizar su crecimiento y asegurar su éxito a largo plazo.

Cómo Hacer Crecer un Producto de Forma Efectiva

Inicio
- Visión general del proceso de crecimiento del producto.
- Importancia de comprender el viaje del cliente.

Fase de Conocimiento
- Identificación del público objetivo y sus necesidades.
- Estrategias de marketing para aumentar la conciencia del producto.
- Ejemplo: Publicación de contenido educativo en redes sociales y blogs relacionados con el nicho de mercado.

Fase de Interés
- Creación de contenido atractivo y relevante para captar la atención del público.
- Implementación de tácticas de marketing de contenido, como blogs, videos o infografías.
- Ejemplo: Organización de seminarios web informativos sobre temas relacionados con el producto.

Fase de Consideración

- Demostración de valor y beneficios del producto.
- Uso de casos de estudio, testimonios de clientes y comparaciones con la competencia.
- Ejemplo: Ofrecimiento de pruebas gratuitas del producto con funcionalidades limitadas para que los usuarios puedan experimentar sus beneficios.

Fase de Decisión

- Facilitación del proceso de toma de decisiones del cliente.
- Ofrecimiento de incentivos, descuentos o garantías para fomentar la compra.
- Ejemplo: Envío de correos electrónicos personalizados con ofertas especiales para los usuarios que hayan mostrado interés en el producto.

Fase de Compra

- Simplificación del proceso de compra para eliminar obstáculos y fricciones.
- Optimización de la página de pago y opciones de pago seguras.
- Ejemplo: Implementación de un proceso de compra en línea fácil de usar con múltiples opciones de pago y envío.

Fase de Post-Compra
- Fomento de la lealtad del cliente a través de una excelente experiencia post-venta.
- Solicitación de retroalimentación y testimonios de clientes satisfechos.
- Ejemplo: Envío de correos electrónicos de seguimiento para solicitar comentarios y ofrecer soporte adicional si es necesario.

Conclusiones y Recomendaciones
- Resumen de las estrategias y tácticas efectivas para hacer crecer un producto.
- Sugerencias para mantener la relevancia y la competitividad a largo plazo.

Al seguir estas etapas y estrategias, podrás llevar a tu producto a través de todo el ciclo de vida del cliente, desde el conocimiento inicial hasta la compra final, maximizando su crecimiento y éxito en el mercado.

Capítulo 4: Estrategias de Adquisición de Clientes

La adquisición de usuarios o clientes es uno de los pilares fundamentales para el crecimiento sostenible de cualquier negocio. En este capítulo, exploraremos diversas estrategias y tácticas para atraer, captar y convertir nuevos usuarios, asegurando así un flujo constante de clientes potenciales hacia tu producto o servicio.

Entender cómo llegar a tu público objetivo de manera efectiva es esencial para maximizar tus esfuerzos de marketing y ventas. La adquisición de usuarios no solo implica atraer a un gran número de personas, sino también asegurarte de que estas personas sean las adecuadas para tu negocio, es decir, aquellas que realmente necesitan y valoran lo que ofreces.

A lo largo de este capítulo, analizaremos las principales estrategias de adquisición de usuarios que puedes implementar para aumentar tu base de clientes. Abordaremos tanto métodos orgánicos como pagados, explorando sus ventajas y desventajas, así como los mejores enfoques para cada tipo de negocio y audiencia.

Canales de Adquisición Efectivos

La elección de los canales de adquisición adecuados es crucial para atraer a los usuarios correctos y maximizar el crecimiento de tu negocio. Aquí exploramos algunos de los canales de adquisición más efectivos y cómo pueden ser utilizados estratégicamente.

Marketing de Contenidos
- Blogging: Crear contenido relevante y valioso en un blog puede atraer tráfico orgánico y establecer tu marca como una autoridad en tu nicho.
- Videos: Los videos educativos y entretenidos en plataformas como YouTube pueden atraer una gran audiencia y dirigir tráfico a tu sitio web.
- Infografías y E-books: Materiales visuales y descargables pueden captar la atención y proporcionar valor a los usuarios, incentivando suscripciones y conversiones.

SEO (Optimización para Motores de Búsqueda)
- Investigación de Palabras Clave: Identificar y optimizar para palabras clave relevantes puede mejorar tu posicionamiento en los resultados de búsqueda, atrayendo tráfico orgánico.
- Optimización On-Page: Asegurarse de que cada página de tu sitio web esté optimizada con títulos, meta descripciones y contenido de calidad.

- Construcción de Enlaces: Obtener enlaces de alta calidad desde otros sitios web relevantes puede aumentar tu autoridad y mejorar tu clasificación en los motores de búsqueda.

Marketing en Redes Sociales
- Publicidad en Redes Sociales: Utilizar anuncios pagados en plataformas como Facebook, Instagram, LinkedIn y Twitter para llegar a audiencias específicas.
- Contenido Orgánico: Publicar regularmente contenido atractivo en tus perfiles de redes sociales para mantener el compromiso y atraer nuevos seguidores.
- Colaboraciones e Influencers: Colaborar con influencers o realizar concursos y sorteos puede aumentar tu visibilidad y atraer a nuevos usuarios.

Publicidad Pagada (PPC)
- Google Ads: Anuncios pagados en Google pueden aparecer en los resultados de búsqueda y en la red de Display, alcanzando a usuarios interesados en tus productos o servicios.
- Retargeting: Mostrar anuncios a personas que ya han visitado tu sitio web puede aumentar las conversiones al recordarles tu producto.

Email Marketing
- Boletines Informativos: Enviar correos electrónicos regulares con contenido valioso, ofertas y actualizaciones puede mantener a los suscriptores interesados y motivarlos a actuar.
- Automatización de Emails: Configurar secuencias de emails automatizados para nutrir a los leads y guiarlos a través del embudo de ventas.

Marketing de Afiliados
- Programas de Afiliados: Colaborar con afiliados que promocionen tu producto a cambio de una comisión puede ampliar tu alcance y atraer nuevos clientes.

Eventos y Webinars
- Webinars Educativos: Organizar webinars en línea sobre temas relevantes puede atraer a una audiencia interesada y calificada.
- Participación en Conferencias y Ferias: Asistir o hablar en eventos de la industria puede aumentar la visibilidad de tu marca y generar leads valiosos.

Marketing de Referencias
- Programas de Referencia: Incentivar a tus clientes actuales para que recomienden tu producto a otros puede ser una forma poderosa de adquirir nuevos usuarios de manera orgánica.

Estrategia Combinada

La clave para una adquisición de usuarios efectiva es combinar varios de estos canales de manera estratégica. Aquí hay algunos pasos para hacerlo:

1. **Identifica a tu Público Objetivo:** Entiende quiénes son tus clientes ideales y dónde pasan su tiempo en línea.
2. **Elige los Canales Apropiados:** Selecciona los canales que sean más efectivos para alcanzar a tu audiencia objetivo.
3. **Crea Contenido de Calidad:** Desarrolla contenido atractivo y valioso que resuene con tu audiencia.
4. **Monitorea y Optimiza:** Utiliza herramientas de análisis para monitorear el rendimiento de tus esfuerzos de adquisición y ajusta tus estrategias en función de los resultados.

Al implementar y optimizar continuamente una estrategia multicanal, puedes atraer, captar y convertir a más usuarios, impulsando el crecimiento sostenido de tu negocio.

Técnicas de SEO y Posicionamiento Web

El SEO (Search Engine Optimization) es crucial para mejorar la visibilidad de tu sitio web en los motores de búsqueda, atrayendo tráfico orgánico de calidad y aumentando la probabilidad de conversión. Aquí exploramos técnicas fundamentales y avanzadas para optimizar tu sitio web y mejorar su posicionamiento en los resultados de búsqueda.

Investigación de Palabras Clave

La investigación de palabras clave es el proceso de identificar las palabras y frases que los usuarios utilizan para buscar información relacionada con tu negocio.

Técnicas:

- **Herramientas de Palabras Clave:** Utiliza herramientas como Google Keyword Planner, Ahrefs, SEMrush y Ubersuggest para encontrar palabras clave relevantes y de alto volumen de búsqueda.
- **Long-Tail Keywords:** Focalízate en palabras clave de cola larga (frases más específicas y largas) que suelen tener menos competencia y una mayor tasa de conversión.
- **Análisis de Competencia:** Estudia las palabras clave por las que tus competidores están rankeando y encuentra oportunidades para optimizar tu contenido.

Optimización On-Page

Descripción: La optimización on-page se refiere a todas las prácticas que se implementan directamente en las páginas de tu sitio web para mejorar su posición en los resultados de búsqueda.

Técnicas:

- **Etiquetas de Título y Meta Descripciones:** Asegúrate de que cada página tenga un título único y atractivo, junto con una meta descripción que incluya las palabras clave y que sea persuasiva.
- **Encabezados (H1, H2, H3):** Usa las etiquetas de encabezado de manera estructurada para dividir el contenido en secciones claras y jerárquicas.
- **URL Amigables:** Crea URLs cortas, descriptivas y que contengan palabras clave relevantes.
- **Optimización de Imágenes:** Usa nombres de archivo descriptivos y etiquetas ALT que incluyan palabras clave para todas las imágenes en tu sitio web.
- **Contenido de Calidad:** Publica contenido original, útil y de alta calidad que responda a las preguntas de los usuarios y que esté optimizado para las palabras clave objetivo.

Optimización Off-Page

Descripción: La optimización off-page incluye todas las acciones que se realizan fuera de tu sitio web para mejorar su autoridad y posicionamiento en los motores de búsqueda.

Técnicas:
- **Backlinks de Calidad:** Construye enlaces de retorno desde sitios web de alta autoridad y relevancia. Puedes hacerlo a través de guest posting, colaboraciones, y participación en foros de la industria.
- **Marketing de Contenidos:** Crea y distribuye contenido valioso que otros quieran enlazar, como infografías, estudios de caso y whitepapers.
- **Redes Sociales:** Participa activamente en redes sociales para aumentar la visibilidad y atraer tráfico a tu sitio web.

SEO Técnico

El SEO técnico se enfoca en mejorar la estructura y el rendimiento técnico de tu sitio web para facilitar el rastreo e indexación por parte de los motores de búsqueda.

Técnicas:

- **Velocidad de Carga:** Optimiza la velocidad de carga de tu sitio web utilizando herramientas como Google PageSpeed Insights. Reduce el tamaño de las imágenes, usa un hosting rápido y minimiza los scripts y CSS.
- **Mobile-Friendly:** Asegúrate de que tu sitio web esté optimizado para dispositivos móviles. Usa un diseño responsive y verifica el rendimiento en el móvil con Google Mobile-Friendly Test.
- **Estructura del Sitio:** Crea una arquitectura de sitio clara y lógica con una navegación fácil de usar. Implementa un sitemap XML y un archivo robots.txt.
- **Seguridad del Sitio:** Usa HTTPS para asegurar la transferencia de datos y aumentar la confianza de los usuarios y los motores de búsqueda.

Monitoreo y Análisis

El monitoreo y análisis continuo de tu sitio web es esencial para identificar áreas de mejora y ajustar tu estrategia de SEO.

Técnicas:

- **Google Analytics:** Usa Google Analytics para rastrear el tráfico del sitio web, las fuentes de tráfico, el comportamiento de los usuarios y las conversiones.

- **Herramientas de SEO:** Utiliza herramientas como Ahrefs, SEMrush y Moz para analizar el rendimiento de tu sitio web, las estrategias de tus competidores y las oportunidades de optimización.
- **Google Search Console:** Monitorea la salud de tu sitio web, identifica problemas de indexación y rastrea el rendimiento de las palabras clave.

Acontinuación te explicaremos en detalle esta gran herramienta para que la pongas en practica:

Como Usar Google Search Console

Es una herramienta gratuita y esencial para cualquier propietario de un sitio web que quiera mejorar su visibilidad en los resultados de búsqueda de Google. A continuación, te explico paso a paso cómo usar Google Search Console y cómo sacarle el máximo rendimiento.

Paso 1: Configuración y Verificación de tu Sitio Web
1. Crear una Cuenta:
    - Si aún no tienes una cuenta de Google, crea una. Luego, accede a Google Search Console en search.google.com/search-console.
2. Añadir tu Sitio Web:
    - En el panel de control de Google Search Console, haz clic en "Añadir Propiedad" y escribe la URL completa de tu sitio web. Asegúrate de incluir el protocolo correcto (http:// o https://).

3.Verificación de Propiedad:

- Google ofrece varios métodos para verificar que eres el propietario del sitio. Los métodos incluyen:
  - Subir un archivo HTML: Descarga un archivo HTML proporcionado por Google y súbelo a la raíz de tu sitio web.
  - Etiqueta HTML: Añade una metaetiqueta proporcionada por Google en la sección <head> de tu sitio web.
  - Google Analytics: Si ya usas Google Analytics, puedes verificar tu sitio a través de tu cuenta.
  - Google Tag Manager: Usa tu cuenta de Google Tag Manager para verificar la propiedad.
  - Proveedor de nombre de dominio: Verifica a través del proveedor de tu nombre de dominio.
- Sigue las instrucciones para el método que elijas y haz clic en "Verificar".

Paso 2: Configuración Inicial
1.Añadir un Sitemap:

- Un sitemap XML ayuda a Google a entender la estructura de tu sitio y a indexar todas tus páginas. Ve a "Sitemaps" en el menú de la izquierda, introduce la URL de tu sitemap y haz clic en "Enviar".

2.**Ajustes de Indexación:**
   - ○ Revisa la sección "Cobertura" para ver qué páginas de tu sitio han sido indexadas y si hay algún problema que impida la indexación de otras páginas.

Paso 3: Uso de Informes y Herramientas
1.**Informe de Rendimiento:**
- Ve a "Rendimiento" para ver datos detallados sobre las impresiones, clics, CTR (tasa de clics) y posición media de tu sitio en Google Search. Puedes filtrar estos datos por fecha, consulta de búsqueda, página, país, dispositivo y apariencia en la búsqueda.

2.**Cobertura del Índice:**
- En "Cobertura", revisa cuántas páginas de tu sitio han sido indexadas y si hay errores o advertencias. Soluciona cualquier problema de indexación para mejorar la visibilidad de tu sitio.

3.**Mejoras:**
- Aquí encontrarás informes sobre mejoras que puedes hacer en tu sitio, como Core Web Vitals, usabilidad móvil, AMP (páginas móviles aceleradas) y otros aspectos técnicos que afectan el rendimiento y la experiencia del usuario.

4.**Seguridad y Acciones Manuales:**
- Google te notificará sobre cualquier problema de seguridad o acciones manuales que afecten tu sitio. Soluciona estos problemas inmediatamente para evitar penalizaciones.

Paso 4: Optimización Continua

1. **Monitorizar las Consultas de Búsqueda:**
   - Usa el informe de rendimiento para identificar las consultas de búsqueda que generan más tráfico a tu sitio. Optimiza tu contenido para estas palabras clave para mejorar tu posicionamiento.

2. **Analizar la Usabilidad Móvil:**
   - Asegúrate de que tu sitio sea móvil amigable. Revisa el informe de "Usabilidad móvil" y soluciona cualquier problema que pueda afectar la experiencia del usuario en dispositivos móviles.

3. **Core Web Vitals:**
   - Monitorea los Core Web Vitals (LCP, FID y CLS) en la sección de mejoras y realiza las optimizaciones necesarias para mejorar la velocidad y la estabilidad de tu sitio.

4. **Enlaces:**
   - Ve a la sección "Enlaces" para ver cuáles son las páginas más enlazadas de tu sitio y desde dónde provienen estos enlaces. Usa esta información para fortalecer tu estrategia de link building.

5. **Acciones Manuales y Problemas de Seguridad:**
   - Revisa regularmente la sección de "Acciones manuales" y "Problemas de seguridad" para asegurarte de que tu sitio esté libre de penalizaciones y amenazas de seguridad.

Paso 5: Informes Personalizados y Automatización
1. **Crear Informes Personalizados:**
   - Usa Google Data Studio para crear informes personalizados basados en los datos de Google Search Console. Esto te ayudará a visualizar los datos de manera más comprensible y tomar decisiones informadas.
2. **Automatizar Tareas:**
   - Usa herramientas como Zapier para automatizar la recolección y el análisis de datos de Google Search Console. Por ejemplo, puedes configurar alertas para recibir notificaciones por correo electrónico cuando se detecten problemas críticos en tu sitio.

Marketing de Contenidos: Cómo Crear y Generar Estrategias Rentables

El marketing de contenidos es una estrategia clave para atraer, involucrar y convertir a tu audiencia objetivo mediante la creación y distribución de contenido valioso, relevante y consistente. A continuación, se detallan los pasos esenciales y las mejores prácticas para crear y generar estrategias de marketing de contenidos rentables.

Definir Objetivos Claros

Antes de comenzar a crear contenido, es fundamental establecer objetivos claros y medibles que alineen tus esfuerzos de marketing con las metas de tu negocio.

Estrategias:

- Aumentar el Tráfico del Sitio Web: Generar más visitas a tu sitio a través de contenido optimizado para SEO.
- Generar Leads: Crear contenido que capture la información de contacto de los usuarios a cambio de contenido valioso.
- Aumentar las Ventas: Desarrollar contenido que eduque y convenza a los prospectos de comprar tus productos o servicios.
- Mejorar el Reconocimiento de Marca: Publicar contenido que aumente la visibilidad y notoriedad de tu marca en tu nicho.

Conocer a tu Audiencia

Identificar y comprender a tu audiencia objetivo es crucial para crear contenido que resuene con ellos y cumpla sus necesidades.

Estrategias:

- Desarrollar Buyer Personas: Crear perfiles detallados de tus clientes ideales basados en datos demográficos, intereses, comportamientos y desafíos.

- Investigación de Mercado: Utilizar encuestas, entrevistas y análisis de datos para obtener información sobre los intereses y necesidades de tu audiencia.
- Análisis de Competencia: Estudiar el contenido que están publicando tus competidores y cómo está siendo recibido por su audiencia.

Crear un Calendario de Contenidos

Un calendario de contenidos ayuda a planificar y organizar la creación y publicación de contenido de manera coherente y estratégica.

Estrategias:
- Frecuencia de Publicación: Determinar con qué frecuencia publicarás contenido nuevo (diariamente, semanalmente, mensualmente).
- Tipos de Contenido: Planificar una variedad de formatos de contenido como blogs, videos, infografías, podcasts y ebooks.
- Fechas Clave: Incorporar eventos importantes, lanzamientos de productos y campañas promocionales en tu calendario.

Creación de Contenido de Alta Calidad

La calidad del contenido es fundamental para atraer y retener a tu audiencia. Debe ser útil, relevante y bien elaborado.

Estrategias:
- Investigación Exhaustiva: Realizar una investigación detallada para asegurar que tu contenido sea preciso y relevante.
- Storytelling: Utilizar técnicas narrativas para hacer que tu contenido sea más atractivo y memorable.
- Optimización SEO: Incorporar palabras clave relevantes y seguir las mejores prácticas de SEO para mejorar el posicionamiento en los motores de búsqueda.
- Visuales Atractivos: Usar imágenes, gráficos y videos de alta calidad para complementar tu contenido escrito.

Distribución y Promoción de Contenido

Crear contenido excelente es solo el primer paso; también necesitas promoverlo eficazmente para llegar a tu audiencia objetivo.

Estrategias:
- Redes Sociales: Compartir tu contenido en las plataformas de redes sociales adecuadas donde tu audiencia está activa.
- Email Marketing: Enviar boletines informativos y correos electrónicos a tus suscriptores con enlaces a tu contenido.
- Colaboraciones: Trabajar con influencers, bloggers y otros creadores de contenido para ampliar tu alcance.

- SEO y SEM: Utilizar técnicas de SEO para obtener tráfico orgánico y campañas de publicidad pagada (SEM) para aumentar la visibilidad de tu contenido.

Medición y Análisis

Evaluar el rendimiento de tu contenido es esencial para entender qué está funcionando y cómo puedes mejorar. Estrategias:

- Métricas Clave: Monitorear métricas como el tráfico del sitio web, el tiempo en la página, la tasa de rebote, las conversiones y el engagement en redes sociales.
- Herramientas de Análisis: Utilizar herramientas como Google Analytics, SEMrush y HubSpot para obtener datos detallados sobre el rendimiento de tu contenido.
- Ajustes Continuos: Basar tus futuras estrategias de contenido en los insights obtenidos de tus análisis para mejorar continuamente tu enfoque.

Al definir objetivos claros, conocer a tu audiencia, planificar estratégicamente, crear contenido de alta calidad, promoverlo eficazmente y medir los resultados, puedes desarrollar una estrategia de marketing de contenidos que no solo genere tráfico y leads, sino que también construya una relación sólida y duradera con tus clientes.

Estrategia de Publicidad Paga SEM

El SEM (Search Engine Marketing) es una estrategia de publicidad paga en motores de búsqueda como Google y Bing. A través de campañas de pago por clic (PPC), las empresas pueden mostrar anuncios en los resultados de búsqueda para atraer tráfico relevante y potenciales clientes a su sitio web.

Estrategias Clave para una Campaña SEM Efectiva
Investigación de Palabras Clave:
- Descripción: Identificar las palabras clave relevantes que tu audiencia está buscando.
- Herramientas: Google Keyword Planner, SEMrush, Ahrefs.
- Tipos de Palabras Clave: Incluir palabras clave de cola larga y términos específicos para mejorar la relevancia y reducir los costos.

Creación de Anuncios Atractivos:
- Título y Descripción: Crear títulos llamativos y descripciones claras que incluyan palabras clave relevantes.
- Llamadas a la Acción (CTA): Usar CTAs efectivas como "Compra Ahora", "Obtén una Cotización Gratis", etc.

Segmentación de Audiencia:
- Geográfica: Dirigir los anuncios a ubicaciones específicas.

Optimización de Página de Destino (Landing Page):
- Relevancia: Asegurarse de que la página de destino esté estrechamente relacionada con el anuncio.
- Diseño: Crear páginas de destino limpias y fáciles de navegar con un claro CTA.

Monitoreo y Ajuste de la Campaña:
- Análisis: Usar Google Analytics y Google Ads para monitorear el rendimiento de la campaña.
- Ajustes: Modificar las ofertas de palabras clave, mejorar los anuncios y optimizar las páginas de destino basándose en el rendimiento.

Cómo Generar Tráfico Orgánico hacia tu Página Web

Generar tráfico orgánico es esencial para el éxito a largo plazo de cualquier sitio web. Aquí te comparto algunas estrategias clave y técnicas que puedes implementar para aumentar el tráfico orgánico de tu página web.

Optimización On-Page (SEO On-Page)
Investigación de Palabras Clave:
Utiliza herramientas como Google Keyword Planner, SEMrush, o Ahrefs para identificar las palabras clave que tu audiencia está buscando.

Optimización de Contenido:

Incluye palabras clave relevantes en los títulos, meta descripciones, encabezados (H1, H2, H3), y a lo largo del contenido.

URLs Amigables:

Crea URLs cortas y descriptivas que incluyan las palabras clave principales.

Enlaces Internos:

Utiliza enlaces internos para mejorar la navegación del sitio y ayudar a distribuir la autoridad de la página.

Creación de Contenido de Calidad

Blogging:

Publica artículos informativos y útiles en tu blog regularmente.

Formatos Variados:

Utiliza diferentes formatos de contenido como videos, infografías, guías, y estudios de caso.

Actualización de Contenidos:

Mantén tus contenidos actualizados y relevantes revisando y actualizando artículos antiguos.

3Estrategia de Backlinking

Guest Blogging:

Escribe artículos como invitado en blogs relevantes de tu industria.

Infografías y Contenidos Visuales:

Crea infografías y otros contenidos visuales que otros sitios puedan querer compartir.

Directorios y Listados:

Añade tu sitio a directorios de calidad y listados relevantes a tu industria.

Uso de Redes Sociales

Compartir Contenidos:

Comparte tus contenidos en redes sociales como Facebook, Twitter, LinkedIn e Instagram.

Interacción con la Audiencia:

Responde a los comentarios y mensajes para fomentar una comunidad activa.

Promociones Cruzadas:

Colabora con influencers y otros negocios para compartir y promover tus contenidos.

Email Marketing

Boletines Informativos:

Envía boletines informativos regulares con enlaces a tus artículos y actualizaciones del sitio.

Campañas de Goteo:

Utiliza campañas de email automatizadas para nutrir a tus suscriptores con contenido valioso.

Experiencia del Usuario (UX)

Velocidad de Carga del Sitio:

Optimiza la velocidad de carga de tu sitio para mejorar la experiencia del usuario y reducir la tasa de rebote.

Diseño Responsivo:

Asegúrate de que tu sitio web se vea y funcione bien en todos los dispositivos.

SEO Técnico

Optimización de Imágenes:

Usa descripciones ALT en todas las imágenes y optimiza el tamaño de las imágenes para mejorar la velocidad de carga.

Mapa del Sitio XML:

Crea y envía un mapa del sitio XML a los motores de búsqueda para facilitar la indexación.

Corrección de Errores 404:

Revisa y corrige enlaces rotos para evitar errores 404.

.Participación en Foros y Comunidades

Contribución Activa:

Participa en foros y comunidades online relevantes a tu industria.

Compartir Conocimientos:

Responde preguntas y proporciona valor, incluyendo enlaces a tu sitio web cuando sea relevante.

Ejemplo de Estrategia Completa

Paso 1: Investigación de Palabras Clave

Utiliza herramientas como Ahrefs para identificar palabras clave de alto volumen y baja competencia relacionadas con tu nicho.

Paso 2: Creación de Contenidos

Publica un artículo de blog semanal optimizado para una de tus palabras clave principales. Asegúrate de que el contenido sea útil y valioso para tu audiencia.

Paso 3: Promoción en Redes Sociales

Comparte cada nuevo artículo de blog en todas tus plataformas de redes sociales y anima a tu audiencia a compartir el contenido.

Paso 4: Backlinking

Escribe un artículo de invitado para un blog popular en tu industria e incluye un enlace a tu sitio web.

Paso 5: Email Marketing

Envía un boletín mensual a tus suscriptores destacando tus mejores contenidos y las últimas actualizaciones.

Paso 6: Optimización Técnica

Optimiza la velocidad de tu sitio web, asegura que todas las imágenes tengan descripciones ALT, y verifica que no haya errores 404.

Generar tráfico orgánico hacia tu página web requiere una combinación de varias estrategias y técnicas. La clave es ser consistente y estar siempre dispuesto a ajustar y mejorar tus enfoques basándote en los resultados. Al implementar estas tácticas, no solo aumentarás el tráfico a tu sitio, sino que también atraerás a una audiencia más comprometida y relevante.

Qué es un Embudo de Ventas y Cómo Hacer uno Efectivo

Un embudo de ventas es una representación visual del recorrido que sigue un cliente potencial desde que se interesa por tu producto o servicio hasta que realiza una compra. Está compuesto por varias etapas que guían al cliente a través del proceso de decisión de compra.

Etapas del Embudo de Ventas
1. Conocimiento (Awareness): El cliente potencial se da cuenta de la existencia de tu producto o servicio.
2. Interés (Interest): El cliente muestra interés y comienza a buscar más información.
3. Consideración (Consideration): El cliente evalúa diferentes opciones y considera seriamente tu producto o servicio.
4. Intención (Intent): El cliente muestra intención de compra mediante una acción clara, como agregar un producto al carrito.
5. Compra (Purchase): El cliente realiza la compra.
6. Retención (Retention): Estrategias para fidelizar al cliente y lograr compras recurrentes.

Cómo Crear un Embudo de Ventas Efectivo
Identificación de Público Objetivo
Define claramente quién es tu público objetivo.

Esto incluye datos demográficos, intereses, comportamientos y necesidades. Cuanto más específico seas, mejor podrás personalizar cada etapa del embudo.

Creación de Contenido de Valor

Blog y Artículos: Publica contenido relevante y útil que resuelva problemas o responda preguntas de tu audiencia.

Videos y Webinars: Crea contenido visual atractivo para captar la atención y educar a tu público.

Ebooks y Whitepapers: Ofrece contenido descargable a cambio de la información de contacto del cliente potencial.

Generación de Tráfico

SEO (Search Engine Optimization): Optimiza tu sitio web y contenido para aparecer en los primeros resultados de búsqueda.

Redes Sociales: Utiliza plataformas sociales para compartir tu contenido y atraer visitantes.

Publicidad Paga: Invierte en anuncios pagados en Google, Facebook, Instagram, etc., para generar tráfico dirigido.

Captura de Leads

Formularios de Suscripción: Utiliza formularios de suscripción en tu sitio web para recopilar correos electrónicos.

Landing Pages: Diseña páginas de aterrizaje efectivas que conviertan visitantes en leads mediante ofertas atractivas.

83

Nutrición de Leads

Email Marketing: Envía correos electrónicos personalizados y relevantes para mantener el interés y guiar a los leads a través del embudo.

Automatización: Utiliza herramientas de automatización para enviar correos electrónicos en momentos estratégicos y según el comportamiento del usuario.

Conversión de Ventas

Ofertas y Promociones: Ofrece descuentos, promociones o pruebas gratuitas para incentivar la compra.

Retargeting: Utiliza anuncios de retargeting para recordar a los visitantes que no completaron la compra.

Testimonios y Pruebas Sociales: Muestra testimonios de clientes satisfechos y estudios de caso para construir confianza.

Retención y Fidelización

Programas de Fidelización: Crea programas de fidelización para incentivar compras repetidas.

Atención al Cliente: Ofrece un excelente servicio al cliente para resolver problemas rápidamente y mantener la satisfacción.

Contenido Exclusivo: Proporciona acceso a contenido exclusivo y actualizaciones a tus clientes actuales.

Estrategias de Email Marketing y Retargeting para Maximizar tus Ventas

Email Marketing: Estrategias Efectivas

El email marketing es una herramienta poderosa para mantener a tu audiencia comprometida, nutrir leads y convertirlos en clientes. Aquí te explico cómo puedes usar esta estrategia de manera efectiva.

1. Segmentación de Audiencia

- **Qué es:** Dividir tu lista de correo en grupos más pequeños basados en criterios específicos como comportamiento de compra, intereses, ubicación geográfica, etc.
- **Por qué es importante:** La segmentación te permite enviar mensajes más relevantes y personalizados, lo que aumenta las tasas de apertura y conversión.
- **Cómo hacerlo:** Usa herramientas de email marketing que permitan la segmentación automática basada en datos de los usuarios.

2. Automatización de Correos Electrónicos

- **Qué es:** Configurar una serie de correos electrónicos que se envían automáticamente en función de ciertas acciones o eventos, como la suscripción a un boletín, la descarga de un recurso o la compra de un producto.

- **Por qué es importante:** Ahorras tiempo y aseguras una comunicación oportuna y relevante con tus suscriptores.
- **Cómo hacerlo:** Utiliza plataformas como Mailchimp, HubSpot o ActiveCampaign para crear flujos de trabajo automatizados.

3. Contenido Personalizado
- **Qué es:** Adaptar el contenido de tus correos electrónicos según los intereses y comportamientos de tus suscriptores.
- **Por qué es importante:** Los correos personalizados tienen mayores tasas de apertura y clics.
- **Cómo hacerlo:** Usa el nombre del suscriptor, menciona productos que han visto o comprado antes, y ofrece recomendaciones personalizadas.

4. A/B Testing
- Qué es: Probar dos versiones de un correo electrónico para ver cuál tiene mejor desempeño.
- Por qué es importante: Te permite optimizar tus correos para obtener mejores resultados.
- Cómo hacerlo: Prueba diferentes líneas de asunto, llamadas a la acción, imágenes y contenidos para identificar qué prefieren tus suscriptores.

5. Análisis y Optimización Continua

- **Qué es:** Revisar las métricas de tus campañas de email marketing para identificar áreas de mejora.
- **Por qué es importante:** Te permite entender qué funciona y qué no, y ajustar tus estrategias en consecuencia.
- **Cómo hacerlo:** Monitorea tasas de apertura, clics, conversiones y bajas, y ajusta tus campañas para mejorar estos números.

Retargeting: Cómo Recuperar Clientes Potenciales

El retargeting es una técnica de marketing digital que te permite volver a captar la atención de usuarios que han interactuado con tu marca pero no han completado una acción deseada, como realizar una compra.

1. Instalación de Píxeles de Seguimiento

- Qué es: Un píxel de seguimiento es un pequeño fragmento de código que se inserta en tu sitio web para rastrear el comportamiento de los usuarios.
- Por qué es importante: Te permite identificar a los visitantes que han mostrado interés en tu producto y dirigirte a ellos con anuncios específicos.
- Cómo hacerlo: Usa herramientas como el píxel de Facebook o Google Tag Manager para instalar el código en tu sitio web.

2. **Creación de Audiencias Personalizadas**
  - **Qué es:** Segmentar a los visitantes de tu sitio web en diferentes audiencias basadas en su comportamiento.
  - **Por qué es importante:** Permite enviar mensajes específicos y relevantes que aumentan las probabilidades de conversión.
  - Cómo hacerlo: Crea audiencias basadas en páginas visitadas, tiempo en el sitio, productos vistos o acciones no completadas (como un carrito abandonado).

3. **Anuncios de Retargeting**
  - **Qué es:** Anuncios específicos dirigidos a usuarios que han interactuado previamente con tu sitio web pero no han completado la compra.
  - **Por qué es importante:** Mantienes tu marca en la mente de los potenciales clientes y aumentas las posibilidades de conversión.
  - **Cómo hacerlo:** Usa plataformas publicitarias como Google Ads o Facebook Ads para crear anuncios específicos para tus audiencias de retargeting.

4. **Secuencias de Retargeting**
  - Qué es: Configurar una serie de anuncios que se muestran a los usuarios en diferentes momentos.
  - Por qué es importante: Permite una comunicación progresiva y adaptada al comportamiento del usuario.

- **Cómo hacerlo:** Establece una secuencia que comience con un recordatorio simple y progrese a incentivos como descuentos o envío gratuito.

5. **Medición y Optimización**
- **Qué es:** Monitorear el rendimiento de tus campañas de retargeting y ajustar en consecuencia.
- **Por qué es importante:** Mejora la efectividad de tus anuncios y maximiza tu retorno de inversión.
- **Cómo hacerlo:** Revisa métricas como impresiones, clics, conversiones y costo por adquisición, y ajusta tus campañas para optimizar los resultados.

Ejemplos de Publicidad Efectiva
Ejemplo 1: E-commerce
- Situación: Un visitante añade productos al carrito pero abandona el sitio sin comprar.
- Estrategia: Enviar un email recordatorio seguido de un anuncio de retargeting ofreciendo un descuento del 10% para completar la compra.
- Resultado Esperado: Incremento en la tasa de recuperación de carritos abandonados y aumento en las ventas.

Ejemplo 2: Servicios de Suscripción
- Situación: Un usuario visita la página de precios de un servicio de suscripción pero no se registra.
- Estrategia: Mostrar anuncios de retargeting con testimonios de clientes y una oferta de prueba gratuita durante 14 días.

- Resultado Esperado: Mayor tasa de registros para la prueba gratuita y conversión a suscripciones pagadas.

Con estas estrategias de email marketing y retargeting, podrás maximizar el impacto de tus campañas, manteniendo a tus clientes comprometidos y aumentando tus tasas de conversión de manera efectiva.

Otros Canales para Hacerse Conocer: Newsletter, Publicaciones y Más

1. Newsletters: Comunicación Regular y Relevante

Las newsletters son una herramienta poderosa para mantener a tu audiencia informada y comprometida con tu marca. Aquí te dejo algunas estrategias para maximizar su efectividad:

- **Contenido de Valor:** Asegúrate de que cada edición ofrezca contenido valioso para tus suscriptores, como consejos útiles, noticias del sector, actualizaciones de productos y promociones exclusivas.
- **Diseño Atractivo:** Un diseño limpio y profesional que sea fácil de leer y visualmente atractivo puede aumentar las tasas de apertura y clics.
- **Segmentación:** Personaliza tus newsletters para diferentes segmentos de tu audiencia para hacer que el contenido sea más relevante.

- **Frecuencia Adecuada:** Encuentra un equilibrio en la frecuencia de envío para mantener a tus suscriptores interesados sin saturarlos con demasiados correos.

2. Publicaciones en Blogs: Creación de Contenido de Calidad

Publicar en un blog es una excelente manera de atraer tráfico orgánico a tu sitio web y establecer tu autoridad en tu industria. Aquí tienes algunas tácticas para crear un blog efectivo:

- **Investigación de Palabras Clave:** Utiliza herramientas como Google Keyword Planner o Ahrefs para identificar las palabras clave que tu audiencia está buscando.
- **Contenido de Calidad:** Escribe artículos detallados y bien investigados que respondan a las preguntas de tus lectores y ofrezcan soluciones a sus problemas.
- **Consistencia:** Publica con regularidad para mantener a tu audiencia interesada y mejorar tu SEO.
- **Promoción**: Comparte tus publicaciones en redes sociales, en newsletters y en otros canales para maximizar su alcance.

3. Redes Sociales: Interacción y Crecimiento de la Comunidad

Las redes sociales son plataformas esenciales para aumentar tu visibilidad y conectar con tu audiencia.

Aquí te dejo algunos consejos para aprovecharlas al máximo:

- **Contenido Visual:** Utiliza imágenes, infografías y videos para captar la atención y aumentar el compromiso.
- **Interacción:** Responde a comentarios y mensajes, y participa en conversaciones relevantes para construir una comunidad activa.
- **Publicidad Paga:** Invierte en anuncios en redes sociales para llegar a una audiencia más amplia y específica.
- **Colaboraciones:** Trabaja con influencers o realiza colaboraciones con otras marcas para ampliar tu alcance.

4. Webinars y Eventos en Línea: Educar y Conectar

Los webinars y eventos en línea son excelentes para educar a tu audiencia y mostrar tu expertise. Aquí tienes algunas recomendaciones para organizarlos:

- **Temas Relevantes:** Elige temas que sean de interés para tu audiencia y que aborden sus necesidades y desafíos.
- **Promoción**: Promociona tu webinar a través de todos tus canales (email, redes sociales, blog) para maximizar la asistencia.
- **Interacción en Vivo:** Fomenta la participación con sesiones de preguntas y respuestas, encuestas en vivo y chat en tiempo real.

5. Colaboraciones y Guest Posting: Expandir tu Alcance

Colaborar con otras marcas o escribir como invitado en blogs relevantes puede ayudarte a llegar a nuevas audiencias. Aquí te dejo algunos consejos para hacerlo:

- **Identifica Socios Relevantes:** Busca marcas o blogs que tengan una audiencia similar pero no competidora.
- **Propuestas de Valor:** Presenta propuestas de colaboración que beneficien a ambas partes, como intercambios de contenido o promociones cruzadas.
- **Calidad y Relevancia:** Asegúrate de que el contenido que ofreces como invitado sea de alta calidad y relevante para la audiencia del blog anfitrión.

Ejemplo de Publicación de Blog sobre Growth Hacking

Título: Cómo Implementar Técnicas de Growth Hacking para Acelerar el Crecimiento de tu Negocio

Contenido:
Introducción En el competitivo mundo digital actual, implementar estrategias de growth hacking puede ser la clave para acelerar el crecimiento de tu negocio.

En este artículo, exploraremos algunas de las técnicas más efectivas de growth hacking y cómo puedes aplicarlas para obtener resultados tangibles.

1. Comprende a tu Audiencia Antes de implementar cualquier técnica de growth hacking, es fundamental comprender a tu audiencia. Realiza investigaciones de mercado, encuestas y análisis de datos para identificar quiénes son tus clientes potenciales y qué necesitan.

2. Optimización del Embudo de Ventas Un embudo de ventas bien optimizado puede marcar la diferencia en la conversión de leads. Asegúrate de que cada etapa del embudo esté diseñada para mover a los usuarios hacia la compra, desde la concienciación hasta la acción.

3. Marketing de Contenidos Crear contenido de alta calidad y relevante es una estrategia de growth hacking esencial. Publica regularmente en tu blog, ofrece guías gratuitas y utiliza el SEO para atraer tráfico orgánico.

4. Pruebas A/B La experimentación es clave en el growth hacking. Realiza pruebas A/B para identificar qué versiones de tus páginas web, correos electrónicos y anuncios funcionan mejor y optimízalos en consecuencia.

5. Programas de Referidos Los programas de referidos pueden ser una excelente manera de aumentar tu base de clientes. Ofrece incentivos a los clientes actuales para que recomienden tu producto o servicio a sus amigos y familiares.

Conclusión Implementar técnicas de growth hacking puede ser un camino desafiante pero extremadamente gratificante. Al centrarse en estrategias innovadoras y basadas en datos, puedes acelerar el crecimiento de tu negocio y mantenerte por delante de la competencia. ¡Empieza hoy mismo y lleva tu negocio al siguiente nivel!

Capítulo 5: Activación y Retención de Usuarios

En el mundo del marketing digital y el growth hacking, atraer a los usuarios a tu producto o servicio es solo el primer paso. La verdadera clave para el éxito a largo plazo radica en la capacidad de activar y retener a esos usuarios. La activación y retención no solo aumentan el valor de vida del cliente (CLV), sino que también promueven el crecimiento orgánico a través de recomendaciones y la lealtad del cliente.

Activación de Usuarios: Se refiere al proceso mediante el cual los nuevos usuarios pasan de ser visitantes curiosos a usuarios comprometidos. Es el punto en el que los usuarios experimentan el valor real de tu producto o servicio por primera vez. La activación eficaz asegura que los usuarios entiendan y aprecien rápidamente los beneficios de tu oferta, lo que aumenta la probabilidad de que se conviertan en usuarios recurrentes.

Retención de Usuarios: La retención implica mantener a los usuarios comprometidos y satisfechos con tu producto o servicio a lo largo del tiempo. Es un indicador crucial de la salud de tu negocio, ya que retener usuarios existentes es más rentable que adquirir nuevos. Además, los usuarios leales tienden a gastar más y promover tu marca a través del boca a boca.

Estrategias de Activación

Onboarding Eficaz:

Un proceso de incorporación bien diseñado puede marcar la diferencia en la activación del usuario. El objetivo es guiar a los nuevos usuarios a través de las funciones esenciales de tu producto de manera intuitiva y amigable. Considera utilizar tutoriales interactivos, mensajes de bienvenida personalizados y guías paso a paso.

Primera Experiencia del Usuario:

Asegúrate de que la primera interacción del usuario con tu producto sea positiva y sin fricciones. Esto podría incluir ofrecer una versión gratuita, pruebas gratuitas, o un incentivo especial para los nuevos usuarios.

Engagement Inmediato:

Utiliza notificaciones push, correos electrónicos y mensajes dentro de la aplicación para incentivar a los usuarios a explorar y utilizar tu producto más a fondo. Proporciona valor inmediato destacando las características más importantes y relevantes.

Estrategias de Retención

Segmentación de Usuarios:

Segmenta a tus usuarios en grupos basados en su comportamiento, preferencias y demografía.

Programas de Lealtad y Recompensas:
Implementa programas de lealtad que recompensen a los usuarios por su compromiso continuo. Esto podría incluir puntos de recompensa, descuentos exclusivos, y acceso anticipado a nuevos productos o funciones.

Feedback y Mejoras Continuas:
Solicita regularmente feedback a tus usuarios y utiliza esa información para mejorar tu producto. La percepción de que sus opiniones son valoradas puede aumentar la lealtad del usuario y mejorar la retención.

Análisis de Métricas de Retención:
Utiliza herramientas de análisis para monitorear las métricas de retención, como la tasa de abandono, la frecuencia de uso y la satisfacción del usuario. Estas métricas te ayudarán a identificar problemas potenciales y ajustar tus estrategias en consecuencia.

Mejorando la Experiencia del Usuario (UX)

La experiencia del usuario (UX) es uno de los factores más cruciales para el éxito de cualquier producto o servicio digital. Una buena UX no solo atrae a los usuarios, sino que también los mantiene comprometidos, satisfechos y leales. Mejorar la UX implica entender y anticipar las necesidades de los usuarios, diseñando interfaces intuitivas y proporcionando interacciones sin fricciones.

Estrategias para Mejorar la UX

Investigación de Usuarios:
- **Entrevistas y Encuestas:** Realiza entrevistas y encuestas con tus usuarios para entender sus necesidades, expectativas y puntos de dolor. Pregunta sobre sus hábitos, preferencias y desafíos para obtener información valiosa.
- **Pruebas de Usabilidad:** Observa cómo los usuarios interactúan con tu producto en tiempo real. Identifica problemas de usabilidad y áreas de mejora.
- **Análisis de Datos:** Utiliza herramientas analíticas para estudiar el comportamiento del usuario. Examina métricas como la tasa de rebote, el tiempo en el sitio y el flujo de clics para identificar patrones y problemas.

Diseño Centrado en el Usuario:
- **Personas de Usuario:** Crea perfiles detallados de tus usuarios ideales, incluyendo sus objetivos, motivaciones y desafíos. Utiliza estas personas para guiar el diseño y desarrollo de tu producto.
- **Mapas de Empatía:** Desarrolla mapas de empatía para visualizar lo que tus usuarios piensan, sienten, dicen y hacen. Esto te ayudará a diseñar soluciones que realmente resuenen con ellos.

99

- **Wireframes y Prototipos:** Utiliza wireframes y prototipos para diseñar y probar la estructura y funcionalidad de tu producto antes de la implementación final. Itera rápidamente en base al feedback de los usuarios.

Interfaz de Usuario (UI) Intuitiva:
- **Consistencia Visual:** Mantén una consistencia visual en todos los elementos de tu interfaz. Utiliza colores, tipografías y estilos coherentes para crear una experiencia cohesiva.
- **Navegación Simple:** Diseña una navegación clara y simple. Asegúrate de que los usuarios puedan encontrar fácilmente lo que buscan sin sentirse abrumados.
- **Microinteracciones:** Implementa microinteracciones para mejorar la interacción del usuario con tu producto. Pequeñas animaciones y feedback visual pueden hacer que la experiencia sea más agradable y comprensible.

Contenido Relevante y Claro:
- **Copywriting Efectivo:** Utiliza un lenguaje claro y conciso en todo tu contenido. Evita jerga técnica innecesaria y enfócate en comunicar el valor de tu producto.

- **Llamadas a la Acción (CTAs):** Diseña CTAs claras y atractivas que guíen a los usuarios hacia acciones deseadas. Asegúrate de que sean fáciles de encontrar y comprender.
- **Optimización para Dispositivos Móviles:** Asegúrate de que tu contenido sea accesible y legible en todos los dispositivos. Un diseño responsivo es crucial para una buena UX en móviles.

Feedback y Mejora Continua:
- **Recopilación de Feedback:** Implementa mecanismos para recopilar feedback de los usuarios de manera continua. Esto puede incluir encuestas dentro de la aplicación, formularios de contacto y sesiones de prueba de usuarios.
- **Análisis de Feedback:** Analiza el feedback de los usuarios para identificar tendencias y áreas de mejora. Prioriza las mejoras que tendrán el mayor impacto en la experiencia del usuario.
- **Iteración Continua:** La UX es un proceso continuo. A medida que implementas cambios, sigue monitoreando y ajustando en base al feedback y los datos de uso.

Técnicas para Aumentar la Tasa de Activación

La tasa de activación es un indicador clave del éxito de tu producto o servicio. Representa el porcentaje de nuevos usuarios que completan una acción clave, como registrarse, realizar una compra o usar una característica importante. Mejorar esta tasa es crucial para convertir visitantes en usuarios comprometidos. A continuación, presentamos técnicas efectivas para aumentar la tasa de activación.

Estrategias para Aumentar la Tasa de Activación

Onboarding Personalizado:
- Segmentación de Usuarios: Personaliza el proceso de incorporación según el perfil y las necesidades de los usuarios. Por ejemplo, los nuevos usuarios pueden recibir un tutorial básico, mientras que los usuarios avanzados obtienen guías sobre características más complejas.
- Guías Interactivas: Utiliza guías paso a paso y tutoriales interactivos para mostrar a los usuarios cómo usar tu producto. Herramientas como walkthroughs y tours dentro de la aplicación pueden hacer que los usuarios se sientan cómodos rápidamente.

Valor Inmediato:

- Pruebas Gratuitas y Freemium: Ofrece pruebas gratuitas o un modelo freemium para que los usuarios experimenten el valor de tu producto sin compromiso. Asegúrate de que los beneficios clave sean evidentes desde el principio.

- Quick Wins: Identifica y promueve acciones rápidas que los usuarios pueden completar para obtener valor inmediato. Esto podría ser algo tan simple como personalizar su perfil o completar una tarea inicial.

Interfaz de Usuario Intuitiva:

- Diseño Sencillo: Simplifica la interfaz de usuario para que sea fácil de entender y navegar. Reduce la complejidad eliminando elementos innecesarios y enfocándote en las acciones clave que los usuarios deben realizar.

- Feedback Visual: Proporciona feedback visual inmediato para las acciones del usuario. Mensajes de confirmación, indicadores de progreso y microinteracciones pueden mejorar la comprensión y la satisfacción del usuario.

Comunicación Proactiva:

- Notificaciones y Recordatorios: Utiliza notificaciones push, correos electrónicos y mensajes dentro de la aplicación para recordar a los usuarios sobre acciones pendientes y destacar las características importantes.

- Mensajería Personalizada: Envía mensajes personalizados basados en el comportamiento del usuario. Por ejemplo, si un usuario ha dejado un registro incompleto, un recordatorio amigable puede motivarlo a completar el proceso.

Incentivos y Recompensas:

- Bonificaciones por Registro: Ofrece incentivos, como descuentos o acceso a funciones premium, a los usuarios que completen el proceso de activación. Esto puede motivar a más usuarios a realizar las acciones necesarias.
- Programas de Referencia: Implementa programas de referencia que recompensen a los usuarios por invitar a otros. Los nuevos usuarios tienen más probabilidades de activarse si llegan a través de una recomendación de confianza.

Soporte y Asistencia:

- Chat en Vivo y Soporte: Proporciona acceso fácil a soporte a través de chat en vivo, FAQs y bases de conocimiento. La asistencia rápida puede resolver problemas que impiden que los usuarios se activen.
- Webinars y Tutoriales: Ofrece webinars en vivo y tutoriales en video para educar a los usuarios sobre cómo usar tu producto. Las sesiones interactivas pueden responder preguntas y guiar a los usuarios a través del proceso de activación.

Implementación de Técnicas de Activación

Para ilustrar cómo implementar estas técnicas, consideremos un ejemplo práctico:

Ejemplo Práctico: Aplicación de Gestión de Proyectos

Onboarding Personalizado:
- **Segmentación de Usuarios:** Nuevos usuarios ven un tutorial básico sobre la creación de proyectos, mientras que los usuarios avanzados reciben guías sobre integraciones y automatizaciones.

Valor Inmediato:
- **Pruebas Gratuitas:** Ofrece una prueba gratuita de 30 días con acceso completo a todas las características.
- **Quick Wins:** Anima a los usuarios a crear su primer proyecto y añadir tareas en los primeros 5 minutos.

Interfaz de Usuario Intuitiva:
- **Diseño Sencillo:** La pantalla de inicio presenta solo las acciones más importantes (crear proyecto, añadir tarea).
- **Feedback Visual:** Indicadores de progreso muestran el porcentaje de configuración completada.

Comunicación Proactiva:

- **Notificaciones y Recordatorios:** Envío de correos electrónicos con consejos útiles y recordatorios de tareas pendientes.
- **Mensajería Personalizada:** Si un usuario no ha creado un proyecto en la primera semana, se le envía un mensaje con ejemplos de proyectos exitosos.

Incentivos y Recompensas:

- **Bonificaciones por Registro:** Los usuarios que completan el registro y crean su primer proyecto reciben un descuento del 10% en la suscripción.
- **Programas de Referencia:** Los usuarios que refieren a amigos reciben un mes de suscripción gratuita por cada nuevo usuario activado.

Soporte y Asistencia:

- **Chat en Vivo:** Disponible durante el onboarding para resolver dudas en tiempo real.
- **Webinars y Tutoriales:** Sesiones semanales para nuevos usuarios sobre cómo gestionar proyectos de manera eficiente.

Aumentar la tasa de activación requiere un enfoque multifacético que combina una interfaz de usuario intuitiva, comunicación proactiva, y soporte adecuado. Al implementar estas estrategias, no solo mejorarás la experiencia inicial de los usuarios, sino que también aumentarás la probabilidad de que se conviertan en usuarios activos.

Estrategias de Retención y Reducción de la Tasa de Abandono

La retención de usuarios es crucial para el éxito a largo plazo de cualquier negocio. Un cliente retenido es más valioso que uno nuevo, ya que puede generar ingresos recurrentes, referidos y testimonios positivos. A continuación, se presentan estrategias efectivas para mejorar la retención de usuarios y reducir la tasa de abandono.

Estrategias de Retención

Personalización de la Experiencia:

- Segmentación de Usuarios: Agrupa a tus usuarios según su comportamiento, intereses y características demográficas para ofrecerles experiencias personalizadas.
- Contenido Relevante: Proporciona contenido y ofertas personalizadas basadas en las preferencias y el historial de cada usuario.

Programas de Fidelización:

- Recompensas y Puntos: Implementa un sistema de puntos o recompensas por cada interacción significativa (compras, referencias, etc.), incentivando la lealtad.
- Niveles de Membresía: Ofrece diferentes niveles de membresía con beneficios incrementales para motivar a los usuarios a alcanzar y mantener un estatus superior.

107

Comunicación Proactiva:

- Notificaciones y Recordatorios: Mantén a los usuarios informados sobre actualizaciones, ofertas y eventos a través de notificaciones push, correos electrónicos y mensajes dentro de la aplicación.
- Feedback Continuo: Solicita regularmente feedback de los usuarios para identificar problemas y áreas de mejora, demostrando que valoras su opinión.

Mejora Continua del Producto:

- Actualizaciones Regulares: Introduce mejoras y nuevas características basadas en el feedback de los usuarios y en las tendencias del mercado.
- Corrección de Errores: Resuelve rápidamente los errores y problemas reportados para mantener la satisfacción del usuario.

Atención al Cliente de Calidad:

- Soporte Multicanal: Ofrece soporte a través de múltiples canales (chat en vivo, teléfono, correo electrónico, redes sociales) para que los usuarios puedan obtener ayuda fácilmente.
- Resolución Rápida de Problemas: Capacita a tu equipo de soporte para resolver problemas de manera eficiente y satisfactoria.

Reducción de la Tasa de Abandono
Análisis de Comportamiento:

- **Identificación de Patrones:** Utiliza herramientas analíticas para identificar patrones de comportamiento que preceden al abandono.

- **Alertas Tempranas:** Configura alertas para notificarte cuando un usuario muestre señales de posible abandono (disminución de actividad, falta de engagement).

Campañas de Recuperación:
- **Correos de Re-enganche:** Envía correos electrónicos personalizados a los usuarios inactivos con ofertas especiales o contenido relevante para incentivarlos a regresar.
- **Ofertas Exclusivas:** Proporciona descuentos o promociones exclusivas para usuarios que están a punto de abandonar.

Optimización del Onboarding:
- **Primeras Impresiones:** Asegúrate de que el proceso de incorporación sea intuitivo, fácil y rápido, para que los nuevos usuarios vean el valor de tu producto desde el inicio.
- **Educación del Usuario:** Proporciona tutoriales y guías para ayudar a los usuarios a comprender y utilizar todas las características de tu producto.

Medición y Monitoreo:
- **KPIs de Retención:** Define y monitorea indicadores clave de rendimiento (KPIs) relacionados con la retención y el abandono, como la tasa de churn, la tasa de retención mensual y el valor de vida del cliente (LTV).

109

Implementación de Estrategias

Para ilustrar la implementación de estas estrategias, consideremos un ejemplo práctico:

Ejemplo Práctico: Plataforma de Cursos en Línea
Personalización de la Experiencia:
- **Segmentación de Usuarios:** Agrupa a los usuarios según sus intereses (tecnología, negocios, arte) y ofrece recomendaciones de cursos personalizadas.
- **Contenido Relevante:** Envía correos electrónicos con sugerencias de cursos basadas en los cursos previos completados y las habilidades deseadas.

Programas de Fidelización:
- **Recompensas y Puntos:** Los usuarios ganan puntos por cada curso completado y pueden canjearlos por descuentos en futuros cursos.
- **Niveles de Membresía:** Ofrece niveles como Básico, Premium y Élite, con beneficios adicionales en cada nivel, como acceso temprano a nuevos cursos o sesiones de tutoría personalizada.

Comunicación Proactiva:
- **Notificaciones y Recordatorios:** Envía notificaciones sobre nuevos cursos, recordatorios de cursos a medio terminar y certificaciones obtenidas.
- **Feedback Continuo:** Implementa encuestas post-curso para obtener feedback y mejorar la oferta de cursos.

Mejora Continua del Producto:

- **Actualizaciones Regulares:** Añade nuevas características como foros de discusión y sesiones en vivo con instructores basadas en las solicitudes de los usuarios.
- **Corrección de Errores:** Responde rápidamente a los informes de errores técnicos en la plataforma.

Atención al Cliente de Calidad:

- **Soporte Multicanal:** Ofrece soporte a través de chat en vivo durante el horario de atención y correo electrónico fuera de horas.
- **Resolución Rápida de Problemas:** Capacita a tu equipo de soporte para resolver problemas de acceso a cursos y problemas técnicos de manera eficiente.

Análisis de Comportamiento:

- **Identificación de Patrones:** Usa Google Analytics para rastrear el comportamiento de los usuarios y detectar signos de abandono, como la disminución de la participación en cursos.
- **Alertas Tempranas:** Configura alertas para cuando los usuarios no accedan a la plataforma en más de 30 días.

Campañas de Recuperación:

- Correos de Re-enganche: Envía correos electrónicos con ofertas especiales de cursos relevantes para usuarios inactivos.

- **Ofertas Exclusivas:** Proporciona descuentos exclusivos del 20% en nuevos cursos para usuarios que no han completado un curso en los últimos 60 días.

Optimización del Onboarding:
- **Primeras Impresiones:** Simplifica el proceso de registro y proporciona un tutorial rápido sobre cómo navegar la plataforma.
- **Educación del Usuario:** Ofrece una guía de inicio rápido y videos tutoriales sobre cómo aprovechar al máximo los cursos.

Medición y Monitoreo:
- **KPIs de Retención:** Monitorea la tasa de retención mensual y el valor de vida del cliente (LTV) para evaluar el éxito de tus estrategias.
- **Análisis de Cohortes:** Realiza análisis de cohortes para comparar la retención entre diferentes grupos de usuarios y ajustar las estrategias de marketing en consecuencia.

La retención de usuarios y la reducción de la tasa de abandono son esenciales para el crecimiento sostenible de tu negocio. Al implementar estrategias personalizadas, programas de fidelización, comunicación proactiva y un soporte de calidad, puedes mantener a tus usuarios comprometidos y satisfechos.

Capítulo 6: Monetización y Crecimiento de Ingresos

El éxito de un emprendimiento no solo depende de una buena idea, sino también de un modelo de negocio robusto y estrategias de monetización efectivas. A continuación, exploraremos varios modelos de negocio populares y estrategias de monetización que pueden ayudar a maximizar los ingresos y garantizar la sostenibilidad a largo plazo de tu empresa.

Modelos de Negocio y Estrategias de Monetización

Modelos de Negocio
Suscripción:
- Los clientes pagan una tarifa recurrente (mensual, trimestral o anual) para acceder a productos o servicios.
- Ejemplo: Servicios de streaming como Netflix o Spotify.
- Ventajas: Ingresos recurrentes y previsibilidad financiera.
- Desventajas: Necesidad de mantener la retención de usuarios alta para evitar la cancelación.

Publicidad:
Genera ingresos mostrando anuncios a los usuarios.

- Ejemplo: Plataformas de redes sociales como Facebook y YouTube.
- Ventajas: Puede ser muy rentable con una gran base de usuarios.
- Desventajas: Puede afectar la experiencia del usuario si no se maneja adecuadamente.

Comisión:

- Cobra una tarifa por cada transacción que se realiza a través de tu plataforma.
- Ejemplo: Marketplaces como eBay o Amazon.
- Ventajas: Ingresos proporcionales al volumen de ventas.
- Desventajas: Depende del éxito de los vendedores en tu plataforma.

Venta Directa:

- Vende productos o servicios directamente a los clientes.
- Ejemplo: Tiendas de comercio electrónico como CS Sport.
- Ventajas: Control total sobre los márgenes de beneficio.
- Desventajas: Requiere gestión de inventarios y logística.

Estrategias de Monetización

Upselling y Cross-Selling:

Ofrecer productos o servicios adicionales o de mayor calidad al cliente.

- Estrategia: Implementar recomendaciones personalizadas en el proceso de compra.
- Ejemplo: Ofrecer accesorios para ciclismo al vender una bicicleta.

Marketing de Afiliación:
- Promociona productos de terceros y gana una comisión por cada venta realizada a través de tu enlace.
- Estrategia: Colaborar con bloggers, influencers y sitios web relevantes.
- Ejemplo: Un blog de ciclismo que promociona tu tienda CS Sport.

Contenido Premium:
- Cobrar por acceso a contenido exclusivo o de alta calidad.
- Estrategia: Crear un blog o una comunidad con contenido valioso solo para miembros.
- Ejemplo: Cursos en línea o guías avanzadas para ciclistas.

Eventos y Experiencias:
 Organizar eventos, talleres o experiencias exclusivas y cobrar por la participación.
- Estrategia: Ofrecer talleres de ciclismo o eventos de entrenamiento en vivo.
- Ejemplo: Un taller práctico de mantenimiento de bicicletas.

Licencias y Franquicias:

- Permitir que otras empresas usen tu marca o modelo de negocio a cambio de una tarifa.
- Estrategia: Desarrollar un programa de licencias o franquicias detallado.
- Ejemplo: Licenciar la marca CS Sport para tiendas de ciclismo en diferentes regiones.

Implementación de Estrategias de Monetización

Para implementar estas estrategias de monetización, considera los siguientes pasos:

1. **Análisis de Mercado:**
    - Investiga el mercado para identificar las necesidades y preferencias de tus clientes.
    - Evalúa la competencia y las tendencias actuales.
2. **Definición de Valor:**
    - Clarifica el valor que tu producto o servicio ofrece a los clientes.
    - Define las características y beneficios que justifican el precio.
3. **Estrategia de Precio:**
    - Determina una estructura de precios competitiva y atractiva.
    - Considera ofrecer diferentes niveles de precios para diferentes segmentos de clientes.

4. **Canales de Distribución:**
   - Selecciona los canales más efectivos para llegar a tus clientes (online, offline, tiendas, etc.).
   - Optimiza tu presencia en plataformas digitales y marketplaces.
5. **Medición y Ajuste:**
   - Establece métricas clave para monitorear el rendimiento de tus estrategias de monetización.
   - Realiza ajustes basados en los resultados y el feedback de los clientes.

Seleccionar el modelo de negocio adecuado y las estrategias de monetización puede marcar una gran diferencia en el éxito de tu empresa. Experimenta con diferentes enfoques, mide los resultados y adáptate a las necesidades cambiantes de tus clientes y del mercado. Recuerda que la clave está en ofrecer un valor auténtico y relevante que los clientes estén dispuestos a pagar.

Optimización de Conversiones y Ventas

En el mundo del comercio digital, no basta con atraer tráfico a tu sitio web; también es crucial convertir a esos visitantes en clientes. La optimización de conversiones y ventas se centra en mejorar la tasa de conversión y maximizar el valor de cada cliente. A continuación, exploraremos estrategias y técnicas efectivas para optimizar conversiones y ventas en tu negocio.

Estrategias de Optimización de Conversiones (CRO)

1. **Análisis de Embudo de Conversión:**
   - **Descripción:** Mapea el recorrido del usuario desde la primera interacción hasta la conversión final.
   - **Estrategia:** Utiliza herramientas como Google Analytics para identificar los puntos de abandono en el embudo y optimizarlos.
   - **Ejemplo:** Mejorar la página de pago para reducir el abandono del carrito.

2. **Pruebas A/B:**
   - **Descripción:** Experimenta con diferentes versiones de tus páginas web para ver cuál genera más conversiones.
   - **Estrategia:** Prueba variaciones de titulares, llamadas a la acción (CTA), imágenes y diseños.
   - **Ejemplo:** A/B test de una página de aterrizaje con diferentes mensajes de bienvenida.

3. **Optimización de la Página de Aterrizaje:**
   - **Descripción:** Mejora la primera página que ven los visitantes para aumentar las conversiones.
   - **Estrategia:** Simplifica el diseño, utiliza CTA claras, y asegúrate de que el contenido sea relevante y persuasivo.
   - **Ejemplo:** Una página de aterrizaje para una campaña de Google Ads con un formulario de contacto corto y directo.

4. **Personalización del Contenido:**
   - **Descripción:** Adapta el contenido y las ofertas basadas en el comportamiento del usuario y los datos demográficos.
   - **Estrategia:** Usa herramientas de personalización para mostrar recomendaciones de productos personalizadas.
   - **Ejemplo:** Amazon muestra productos recomendados basados en el historial de navegación del usuario.
5. **Mejora de la Experiencia del Usuario (UX):**
   - **Descripción:** Asegura que el sitio web sea fácil de navegar y visualmente atractivo.
   - **Estrategia:** Optimiza la velocidad del sitio, simplifica la navegación y asegura que el diseño sea responsive.
   - **Ejemplo:** Rediseñar la estructura del menú para facilitar el acceso a las categorías de productos.

Estrategias de Optimización de Ventas

Upselling y Cross-Selling:
- Ofrece productos o servicios adicionales o de mayor calidad durante el proceso de compra.
- **Estrategia:** Integra recomendaciones de productos en la página de producto y durante el checkout.
- **Ejemplo:** Amazon sugiere productos complementarios en la página del carrito de compras.

Automatización del Marketing:

- Utiliza herramientas de automatización para enviar mensajes personalizados en momentos clave.
- **Estrategia:** Implementa campañas de email marketing que se activan por el comportamiento del usuario.
- **Ejemplo:** Enviar un email con productos recomendados después de que un usuario abandona su carrito.

Programas de Lealtad:

- Fomenta la repetición de compras ofreciendo recompensas a los clientes leales.
- **Estrategia:** Crea un programa de puntos donde los clientes ganan recompensas por cada compra.
- **Ejemplo:** Starbucks Rewards ofrece puntos por cada compra que pueden ser canjeados por productos gratuitos.

Descuentos y Promociones:

- Usa ofertas especiales para incentivar las compras.
- **Estrategia:** Ofrece descuentos por tiempo limitado o promociones especiales para nuevos clientes.
- **Ejemplo:** Un descuento del 10% en la primera compra para usuarios que se suscriban a tu newsletter.

Optimización del Proceso de Pago:

- Facilita el proceso de pago para reducir el abandono del carrito.

- **Estrategia:** Simplifica los formularios de pago, ofrece múltiples métodos de pago y garantiza la seguridad.
- **Ejemplo:** Shopify permite pagos rápidos con Shop Pay, reduciendo los pasos necesarios para completar una compra.

Implementación de Estrategias CRO y de Ventas

Para implementar estas estrategias efectivamente, sigue estos pasos:

1. **Análisis de Datos:**
   - **Acción:** Utiliza herramientas de análisis web para entender el comportamiento del usuario y los puntos débiles en el embudo de conversión.
   - **Ejemplo:** Google Analytics para rastrear el abandono del carrito y Hotjar para mapas de calor.
2. **Diseño y Desarrollo:**
   - **Acción:** Trabaja con diseñadores y desarrolladores para implementar mejoras en el sitio web.
   - **Ejemplo:** Rediseñar la página de aterrizaje basándose en los resultados de las pruebas A/B
3. **Monitorización y Ajuste:**
   - **Acción:** Realiza un seguimiento continuo del rendimiento y ajusta las estrategias según los resultados.

- **Ejemplo:** Monitorear las tasas de conversión después de cambios en el proceso de pago y hacer ajustes según sea necesario.

Conclusión

La optimización de conversiones y ventas es esencial para maximizar el retorno de inversión en el comercio digital. Al implementar estrategias de CRO y optimización de ventas, puedes no solo atraer más visitantes a tu sitio, sino también convertir a esos visitantes en clientes leales. Utiliza las técnicas descritas para analizar, optimizar y ajustar continuamente tu sitio web y las estrategias de marketing, asegurando un crecimiento sostenido y éxito a largo plazo.

Aumentando el Valor de Vida del Cliente (CLV)

El Valor de Vida del Cliente (CLV) es una métrica crítica que representa el ingreso total que puedes esperar de un cliente a lo largo de su relación con tu empresa. Aumentar el CLV no solo mejora la rentabilidad, sino que también fortalece la relación con los clientes, asegurando lealtad y repetición de compras. Aquí te proporcionamos estrategias efectivas para aumentar el CLV y maximizar el valor de tus clientes.

Estrategias para Aumentar el CLV

Fomenta la Lealtad del Cliente:
- La lealtad del cliente es fundamental para aumentar el CLV. Los clientes leales son más propensos a realizar compras recurrentes.
- Estrategia: Implementa programas de lealtad que recompensen a los clientes por sus compras y fidelidad.
- Ejemplo: Starbucks Rewards ofrece puntos que pueden ser canjeados por productos gratuitos, incentivando la repetición de compras.

Upselling y Cross-Selling:
- Ofrecer productos adicionales o de mayor valor puede aumentar significativamente el CLV.
- Estrategia: Integra recomendaciones de productos complementarios o superiores en el proceso de compra.
- Ejemplo: Amazon sugiere productos relacionados en la página del carrito de compras, fomentando la compra de múltiples artículos.

Personalización de la Experiencia del Cliente:
- La personalización mejora la satisfacción del cliente y su disposición a realizar más compras.

- Estrategia: Utiliza datos del cliente para ofrecer recomendaciones personalizadas y promociones específicas.
- Ejemplo: Netflix personaliza las recomendaciones de contenido basándose en el historial de visualización del usuario.

Atención al Cliente de Calidad:
- Un servicio de atención al cliente excepcional puede convertir a los clientes en defensores de la marca y fomentar su lealtad.
- Estrategia: Invierte en un equipo de soporte al cliente eficiente y capacitado que pueda resolver problemas rápidamente.
- Ejemplo: Zappos es conocido por su excelente servicio al cliente, lo que ha ayudado a construir una base de clientes leales.

Programas de Referencia:
- Los programas de referencia no solo atraen nuevos clientes sino que también recompensan a los clientes actuales por sus referencias, aumentando su lealtad.
- Estrategia: Crea un programa de referencias que ofrezca descuentos o recompensas a los clientes que recomienden tu producto o servicio.
- Ejemplo: Dropbox ofrece espacio adicional gratuito a los usuarios que invitan a sus amigos a unirse al servicio.

Marketing de Contenidos:
- ○ Mantén a los clientes comprometidos y educados sobre tu producto o servicio a través de contenido valioso y relevante.
- ○ Estrategia: Publica regularmente blogs, videos y guías que resuelvan problemas comunes y proporcionen valor a los clientes.
- ○ Ejemplo: HubSpot utiliza el marketing de contenidos para educar a sus usuarios sobre marketing digital, fortaleciendo la relación con sus clientes.

Automatización del Marketing:
- ○ La automatización permite enviar mensajes personalizados en momentos clave del ciclo de vida del cliente.
- ○ Estrategia: Implementa campañas automatizadas de email marketing que se activen por comportamientos específicos, como la compra de un producto o el abandono del carrito.
- ○ Ejemplo: Enviar emails de seguimiento con productos recomendados o recordatorios de renovación de suscripción.

Implementación de Estrategias para Aumentar el CLV

1. **Análisis de Datos del Cliente:**
   - **Acción:** Utiliza herramientas de análisis para entender el comportamiento de compra y preferencias de los clientes.
   - **Ejemplo:** Google Analytics y CRM para rastrear el historial de compras y segmentar a los clientes según su comportamiento.
2. **Segmentación de Clientes:**
   - **Acción:** Segmenta a los clientes en grupos basados en su comportamiento de compra y otros datos relevantes.
   - **Ejemplo:** Crear segmentos de clientes frecuentes, ocasionales y nuevos para enviar campañas personalizadas.
3. **Desarrollo e Implementación de Programas:**
   - **Acción:** Desarrolla programas de lealtad, referidos y upselling, y lánzalos de manera efectiva.
   - **Ejemplo:** Implementar un programa de recompensas que ofrezca puntos por cada compra que se pueden canjear por descuentos.
4. **Monitorización y Optimización Continua:**
   - **Acción:** Realiza un seguimiento constante del rendimiento de las estrategias y ajusta según sea necesario para maximizar el CLV.
   - **Ejemplo:** Utilizar informes y análisis para identificar qué estrategias están funcionando mejor y optimizar en consecuencia.

Aumentar el Valor de Vida del Cliente es una estrategia esencial para cualquier negocio que busque sostenibilidad y crecimiento a largo plazo. Al implementar las estrategias mencionadas, no solo mejorarás la rentabilidad de cada cliente, sino que también fortalecerás la relación con tus clientes, asegurando que se mantengan leales y comprometidos con tu marca. Utiliza estas técnicas para maximizar el CLV y garantizar el éxito continuo de tu negocio.

Capítulo 7: Análisis y Optimización Continua

Cómo Realizar Pruebas A/B Efectivas

El análisis y la optimización continua son pilares fundamentales en cualquier estrategia de Growth Hacking. Entre las diversas técnicas disponibles, las pruebas A/B son una de las herramientas más poderosas para optimizar el rendimiento de tu sitio web, campañas de marketing y productos digitales. A continuación, te mostramos cómo realizar pruebas A/B efectivas para mejorar tus resultados y alcanzar tus objetivos de crecimiento.

¿Qué son las Pruebas A/B?

Las pruebas A/B consisten en comparar dos versiones de un elemento (como una página web, un anuncio o un correo electrónico) para determinar cuál funciona mejor. Al dividir tu audiencia en dos grupos y presentarles diferentes versiones, puedes analizar cuál versión genera más conversiones, clics u otras métricas clave.

Pasos para Realizar Pruebas A/B Efectivas

Definir Objetivos Claros:

Acción: Antes de comenzar, establece qué métricas deseas mejorar. Pueden ser tasas de conversión, clics en enlaces, tiempo en página, etc.

Ejemplo: Si estás optimizando una landing page, tu objetivo podría ser aumentar la tasa de conversión de visitantes a clientes potenciales.

Seleccionar el Elemento a Probar:
Acción: Elige un elemento específico para probar, como el titular, el texto del botón de llamada a la acción, imágenes, colores o el diseño general.
Ejemplo: Si estás optimizando una campaña de email marketing, podrías probar dos líneas de asunto diferentes para ver cuál obtiene más aperturas.

Crear Variaciones:
Acción: Desarrolla dos versiones del elemento que deseas probar. Asegúrate de que la única diferencia entre las dos versiones sea el elemento que estás probando.
Ejemplo: En una página de producto, crea una versión con un botón de "Comprar ahora" verde y otra con un botón rojo.

Dividir la Audiencia:
Acción: Utiliza una herramienta de pruebas A/B para dividir tu audiencia aleatoriamente en dos grupos iguales. Cada grupo verá una versión diferente del elemento.
Ejemplo: Herramientas como Google Optimize, Optimizely o VWO pueden ayudarte a dividir tu tráfico web de manera equitativa. **129**

Ejecutar la Prueba:

Acción: Ejecuta la prueba durante un período suficiente para obtener resultados estadísticamente significativos. Evita detener la prueba demasiado pronto.

Ejemplo: Si tu sitio web tiene un tráfico considerable, una prueba podría durar una semana. Para sitios con menos tráfico, podría ser necesario un mes.

Analizar los Resultados:

Acción: Después de finalizar la prueba, analiza los datos para ver cuál versión rindió mejor según las métricas que definiste inicialmente.

Ejemplo: Si probaste dos versiones de un titular, revisa las tasas de conversión para ver cuál versión generó más conversiones.

Implementar y Optimizar:

Acción: Implementa la versión ganadora y considera realizar pruebas adicionales para seguir optimizando.

Ejemplo: Si el botón verde obtuvo más clics, úsalo como la versión estándar y luego prueba diferentes textos del botón para ver si puedes optimizar aún más.

Ejemplo Práctico de una Prueba A/B

Objetivo:

- Aumentar la tasa de clics en un botón de llamada a la acción en una página de destino.

Elemento a Probar:

- El texto del botón de llamada a la acción.

Variaciones:

- Versión A: "Comprar ahora"
- Versión B: "Obtener oferta"

División de la Audiencia:

- Utilizando Google Optimize, el tráfico se divide aleatoriamente en dos grupos iguales.

Ejecutar la Prueba:

- La prueba se ejecuta durante dos semanas para asegurar suficiente tráfico y datos.

Resultados:

- Versión A: Tasa de clics del 5%
- Versión B: Tasa de clics del 7%

Implementación:

- La versión B con "Obtener oferta" se implementa permanentemente, y se planifica una nueva prueba para optimizar el color del botón.

Herramientas para Realizar Pruebas A/B

Google Optimize:

- Descripción: Una herramienta gratuita que permite realizar pruebas A/B, multivariadas y de redireccionamiento.
- Uso: Ideal para pequeños negocios y principiantes en pruebas A/B.

Optimizely:

- Descripción: Una plataforma de pruebas A/B avanzada con capacidades de personalización y segmentación.
- Uso: Adecuada para empresas con necesidades complejas y equipos de marketing experimentados.

VWO (Visual Website Optimizer):

- Descripción: Ofrece pruebas A/B, análisis de comportamiento del usuario y personalización.
- Uso: Excelente para empresas de tamaño medio a grande que buscan una solución integral.

Las pruebas A/B son una herramienta esencial en la optimización continua y el Growth Hacking. Al seguir un proceso estructurado y utilizar las herramientas adecuadas, puedes obtener insights valiosos que te permitirán mejorar constantemente tus estrategias de marketing y el rendimiento de tu negocio. Implementa estas prácticas para asegurarte de que siempre estás tomando decisiones basadas en datos y obteniendo el máximo rendimiento de tus esfuerzos de optimización.

Ciclo de Feedback y Mejora Continua

En cualquier estrategia de crecimiento y optimización, el ciclo de feedback y mejora continua es crucial para asegurar que tu negocio se adapte y evolucione de manera efectiva. Este ciclo implica la recopilación constante de información, su análisis, y la implementación de mejoras basadas en esos datos. A continuación, se describe el ciclo de feedback y mejora continua y cómo puede aplicarse para maximizar el crecimiento y la eficiencia.

Paso 1: Recopilación de Datos

Acción:

- Recopila datos de diversas fuentes para tener una visión completa del rendimiento de tu negocio.

Fuentes de Datos:

- Análisis Web: Herramientas como Google Analytics proporcionan información sobre el comportamiento de los usuarios en tu sitio web.
- Redes Sociales: Insights de plataformas como Facebook, Instagram y LinkedIn muestran la interacción y el compromiso del público.
- Encuestas y Feedback Directo: Recoge opiniones y comentarios directamente de tus clientes a través de encuestas, formularios de feedback y reviews.
- Ventas y Conversiones: Datos de ventas y tasas de conversión ofrecen una visión clara del rendimiento financiero.

Paso 2: Análisis de Datos

Acción:

- Analiza los datos recopilados para identificar patrones, tendencias y áreas de mejora.

Herramientas y Técnicas:

- Google Analytics: Para el análisis de tráfico web y comportamiento del usuario.
- Herramientas de CRM: Como Salesforce o HubSpot para analizar datos de clientes y ventas.
- Análisis de Sentimiento: Herramientas como Brandwatch o Hootsuite Insights para comprender la percepción de los clientes en redes sociales.
- Excel o Google Sheets: Para el análisis de datos estructurados y creación de gráficos.

Paso 3: Generación de Ideas y Planificación

Acción:

- Basado en el análisis, genera ideas para mejorar y crea un plan de acción.

Estrategias:

- Brainstorming: Involucra a tu equipo en sesiones de lluvia de ideas para proponer mejoras y nuevas estrategias.
- Roadmaps: Crea un plan detallado con objetivos a corto, mediano y largo plazo.
- KPIs: Establece indicadores clave de rendimiento para medir el éxito de las nuevas iniciativas.

Paso 4: Implementación

Acción:
- Implementa las mejoras y estrategias planificadas.

Tareas:
- Desarrollo y Diseño: Realiza cambios en tu sitio web, productos o servicios según sea necesario.
- Marketing y Publicidad: Lanza nuevas campañas de marketing y ajusta las estrategias existentes.
- Formación: Capacita a tu equipo para asegurar que entienden y pueden ejecutar las nuevas iniciativas.

Paso 5: Evaluación y Ajuste

Acción:
- Monitorea los resultados de las implementaciones y ajusta las estrategias según sea necesario.

Métodos:
- Dashboards: Utiliza dashboards en tiempo real para seguir los KPIs y otras métricas clave.
- Reuniones Regulares: Programa reuniones periódicas para revisar el progreso y hacer ajustes.
- Feedback Continuo: Sigue recogiendo feedback de los clientes para asegurar que las mejoras están teniendo el impacto deseado.

Ejemplo Práctico

Una tienda en línea de ropa para ciclismo ha notado una disminución en las ventas y una alta tasa de abandono del carrito.

Paso 1: Recopilación de Datos:
- Utiliza Google Analytics para analizar el comportamiento de los usuarios y el embudo de conversión.
- Recoge feedback de clientes que abandonaron sus carritos.

Paso 2: Análisis de Datos:
- Identifica que muchos usuarios abandonan el carrito debido a costos de envío inesperados.
- Observa que la tasa de conversión es baja en dispositivos móviles.

Paso 3: Generación de Ideas y Planificación:
- Propón incluir un cálculo de envío estimado en la página de producto.
- Planifica mejorar la optimización móvil del sitio web.

Paso 4: Implementación:
- Desarrolla y lanza una actualización que muestra los costos de envío antes de llegar al carrito.
- Optimiza la interfaz móvil del sitio web para mejorar la experiencia del usuario.

Paso 5: Evaluación y Ajuste:
- Monitorea las tasas de abandono del carrito y las tasas de conversión móvil.
- Realiza ajustes adicionales basados en el nuevo feedback y los datos de rendimiento.

Capítulo 8: Casos de Estudio y Ejemplos Reales

Ejemplos Exitosos de Empresas que Han Utilizado Growth Hacking

1. Airbnb: Optimización de Listados en Craigslist

Estrategia: Airbnb, en sus primeros días, enfrentaba el desafío de atraer usuarios a su plataforma. Para resolver esto, implementaron una estrategia de growth hacking que implicaba la integración con Craigslist. Permitieron que los anfitriones de Airbnb publicaran automáticamente sus listados en Craigslist, donde ya había una gran base de usuarios interesados en alquileres temporales.

Resultados:
- Aumento significativo de la visibilidad de los listados de Airbnb.
- Incremento en el tráfico a la plataforma de Airbnb desde Craigslist.
- Expansión rápida de la base de usuarios, tanto de anfitriones como de huéspedes.

Lección: Encontrar maneras de aprovechar plataformas establecidas con grandes bases de usuarios puede acelerar el crecimiento de una startup.

2. Dropbox: Programa de Referencias

Estrategia: Dropbox implementó un programa de referidos que ofrecía espacio de almacenamiento adicional tanto a los usuarios que referían nuevos miembros como a los nuevos usuarios que se unían mediante la referencia. Esta táctica incentivó a los usuarios existentes a invitar a sus amigos y familiares.

Resultados:
- Crecimiento exponencial del número de usuarios.
- Aumento del uso y lealtad hacia la plataforma.
- Reducción de los costos de adquisición de clientes, ya que las referencias eran generadas por los propios usuarios.

Lección: Crear un programa de referidos puede ser una estrategia poderosa para fomentar el crecimiento orgánico y aumentar la base de usuarios de manera efectiva.

3. Hotmail: Firma en los Correos Electrónicos

Estrategia: Hotmail utilizó una simple pero efectiva táctica de growth hacking al añadir una firma automática en el pie de todos los correos electrónicos enviados desde su plataforma. La firma incluía el mensaje "P.S. I love you. Get your free email at Hotmail" (P.D. Te quiero. Consigue tu correo electrónico gratuito en Hotmail).

Resultados:
- Viralización rápida del servicio de correo electrónico de Hotmail.
- Millones de usuarios se unieron a la plataforma en pocos meses.
- La estrategia ayudó a Hotmail a alcanzar más de 12 millones de usuarios en solo 18 meses.

Lección: A veces, las estrategias más simples pueden tener el mayor impacto. Integrar promociones virales directamente en el producto puede generar un crecimiento masivo.

Lecciones Aprendidas:

Aprovechar Plataformas Existentes:
- Airbnb mostró que integrarse con plataformas ya establecidas puede ofrecer una visibilidad instantánea y un rápido crecimiento de usuarios.

Programas de Referidos:
- Dropbox demostró que incentivar a los usuarios actuales para que traigan nuevos usuarios puede ser una de las formas más efectivas y económicas de crecer una base de usuarios.

Marketing Viral Integrado:

- Hotmail evidenció cómo una simple firma en los correos electrónicos puede generar una viralidad masiva, impulsando el crecimiento exponencial de usuarios.

Estas tácticas y sus resultados destacan la importancia de ser innovador y estratégico en la implementación de técnicas de growth hacking, adaptándolas a las características y necesidades específicas de cada empresa para maximizar el impacto en el crecimiento del negocio.

Mejores Prácticas para Implementar Estrategias de Growth Hacking

1. Conocer Profundamente a tu Audiencia

Práctica:

Antes de implementar cualquier estrategia es crucial entender quién es tu audiencia, sus necesidades, deseos y comportamientos. Utiliza herramientas de análisis de datos, encuestas y estudios de mercado para recopilar información detallada.

Ejemplo: Realiza encuestas a tus usuarios actuales para conocer sus puntos de dolor y qué características valoran más en tu producto.

2. Realizar Pruebas A/B Continuamente

Práctica: La experimentación es una de las piedras angulares del growth hacking. Realiza pruebas A/B para comparar diferentes versiones de tus páginas web, correos electrónicos y anuncios para determinar qué funciona mejor.

Ejemplo: Prueba diferentes llamados a la acción (CTAs) en tu página de aterrizaje para ver cuál genera más conversiones.

3. Optimizar la Experiencia del Usuario (UX)

Práctica: Una experiencia de usuario fluida y agradable es fundamental para retener y convertir a los usuarios. Asegúrate de que tu sitio web sea intuitivo, rápido y móvil amigable.

Ejemplo: Utiliza mapas de calor y análisis de comportamiento para identificar y solucionar problemas de navegación en tu sitio web.

4. Aprovechar el Poder del Marketing de Contenidos

Práctica: Crea y comparte contenido valioso y relevante que atraiga y retenga a tu audiencia. El marketing de contenidos no solo ayuda a atraer tráfico orgánico, sino que también establece tu marca como un líder en la industria.

Ejemplo: Publica artículos de blog, infografías, y videos educativos que resuelvan problemas comunes de tu audiencia.

5. Implementar un Programa de Referidos

Práctica: Incentiva a tus usuarios actuales a invitar a sus amigos y familiares ofreciéndoles recompensas por cada nuevo usuario que traigan a tu plataforma.

Ejemplo: Ofrece descuentos, crédito en la tienda o acceso a funciones premium para usuarios que refieran a otros.

6. Utilizar Publicidad Paga Inteligentemente

Práctica: La publicidad paga puede ser muy efectiva si se hace correctamente. Usa plataformas como Google Ads, Facebook Ads y LinkedIn Ads para llegar a tu audiencia específica.

Ejemplo: Segmenta tus anuncios según la demografía, intereses y comportamiento de tu audiencia para maximizar el retorno de la inversión.

7. Fomentar la Viralidad

Práctica: Crea elementos dentro de tu producto o servicio que incentiven a los usuarios a compartir con sus redes. Esto puede incluir características sociales, incentivos por compartir o simplemente un producto que valga la pena recomendar.

Ejemplo: Añade botones de compartir en redes sociales y anima a los usuarios a compartir sus experiencias con tu producto.

8. Monitorizar y Analizar Continuamente
Práctica: El growth hacking es un proceso continuo de optimización. Usa herramientas de análisis para monitorear el desempeño de tus estrategias y ajustar según sea necesario.
Ejemplo: Utiliza Google Analytics y otras herramientas de análisis para rastrear métricas clave como el tráfico del sitio, las conversiones y el comportamiento de los usuarios.

9. Adoptar una Mentalidad de Crecimiento
Práctica: Fomenta una cultura de experimentación y aprendizaje dentro de tu equipo. Todos deben estar dispuestos a probar nuevas ideas y aprender de los fracasos.
Ejemplo: Realiza reuniones regulares de revisión de experimentos y aprendizajes para compartir conocimientos y ajustar estrategias.

10. Personalizar la Experiencia del Cliente
Práctica: La personalización puede aumentar significativamente las conversiones y la lealtad del cliente. Usa datos de comportamiento y preferencias para ofrecer experiencias y ofertas personalizadas.
Ejemplo: Envía correos electrónicos personalizados basados en el comportamiento de compra y navegación de los usuarios.

Capítulo 9: Herramientas Esenciales para el Growth Hacker

Revisión de Herramientas y Software para Growth Hacking

1. Google Analytics (la hemos comentado en detalle en otro Capitulo de su uso pero aqui te dejo un resumen)

Características Clave:
- Informes en Tiempo Real: Visualiza el tráfico de tu sitio web en tiempo real.
- Análisis de Audiencia: Conoce la demografía, intereses y comportamiento de tus visitantes.
- Seguimiento de Conversiones: Configura y rastrea objetivos específicos para medir el éxito de tus campañas.

Pros:
- Gratuita
- Amplia gama de informes detallados
- Fácil integración con otras herramientas de Google

Contras:
- Curva de aprendizaje inicial
- Interfaz puede ser abrumadora para principiantes

2. HubSpot

Descripción: HubSpot ofrece una suite completa de herramientas de marketing, ventas y servicio al cliente. Es ideal para empresas que buscan centralizar sus esfuerzos de growth hacking en una plataforma todo en uno.

Características Clave:
- CRM Gratuito: Gestión de relaciones con clientes sin costo.
- Automatización de Marketing: Flujo de trabajo automatizado para correos electrónicos, redes sociales y más.
- Análisis de Marketing: Informes detallados sobre el rendimiento de tus campañas.

Pros:
- Integración de múltiples funciones en una sola plataforma
- Fácil de usar
- Soporte y recursos educativos extensos

Contras:
- Costos pueden escalar rápidamente con funciones avanzadas
- Algunas funcionalidades pueden ser limitadas en la versión gratuita

3. Hootsuite

Descripción: Hootsuite es una herramienta de gestión de redes sociales que permite programar publicaciones, monitorear menciones y analizar el rendimiento en múltiples plataformas de redes sociales.

Características Clave:
- Programación de Publicaciones: Agenda tus publicaciones en redes sociales con antelación.
- Monitoreo de Redes Sociales: Rastrea menciones, comentarios y conversaciones relevantes.
- Análisis de Rendimiento: Informes detallados sobre el impacto de tus actividades en redes sociales.

Pros:
- Soporta múltiples redes sociales
- Interfaz intuitiva
- Informes personalizables

Contras:
- La versión gratuita tiene limitaciones significativas
- Costos adicionales para funciones avanzadas y más usuarios

4. Optimizely

Descripción: Optimizely es una plataforma de pruebas A/B y personalización que ayuda a mejorar la experiencia del usuario y las conversiones mediante experimentos basados en datos.

Características Clave:
- Pruebas A/B y Multivariables: Realiza experimentos para encontrar las mejores variantes.
- Personalización: Ofrece experiencias personalizadas a diferentes segmentos de usuarios.
- Análisis Avanzado: Informes detallados sobre el rendimiento de las pruebas y su impacto.

Pros:
- Interfaz fácil de usar
- Potentes capacidades de personalización
- Integración con otras herramientas de marketing

Contras:
- Costoso, especialmente para pequeñas empresas
- Requiere conocimientos técnicos para configuraciones avanzadas

5. Ahrefs

Descripción: Ahrefs es una herramienta de SEO y análisis de backlinks que ayuda a mejorar el posicionamiento en motores de búsqueda y a analizar la competencia.

Características Clave:
- Explorador de Sitios: Análisis detallado de cualquier sitio web.
- Investigación de Palabras Clave: Encuentra las mejores palabras clave para tu estrategia de SEO.
- Análisis de Backlinks: Rastrea y analiza los enlaces entrantes hacia tu sitio.

Pros:
- Datos precisos y actualizados
- Amplia gama de herramientas de SEO
- Interfaz intuitiva

Contras:
- Costoso
- Requiere conocimientos previos de SEO para sacarle el máximo provecho

6. Mailchimp

Descripción: Mailchimp es una plataforma de automatización de marketing que se especializa en email marketing, pero también ofrece herramientas para CRM, landing pages y más.

Características Clave:
- Automatización de Correos Electrónicos: Configura campañas automatizadas y secuencias de correo.
- Segmentación de Audiencia: Personaliza los mensajes según diferentes segmentos de tu base de datos.
- Informes de Rendimiento: Analiza el éxito de tus campañas de email marketing.

Pros:
- Fácil de usar
- Amplias opciones de integración
- Plan gratuito disponible

Contras:
- Limitaciones en el plan gratuito
- Costos adicionales para funciones avanzadas

7. BuzzSumo

Descripción: BuzzSumo es una herramienta de investigación de contenido que ayuda a descubrir qué contenido es popular en cualquier nicho, identificar influencers clave y analizar el rendimiento de tu contenido.

Características Clave:
- Investigación de Contenido: Encuentra los temas más compartidos y discutidos.
- Identificación de Influencers: Descubre y analiza influencers en tu industria.
- Alertas de Contenido: Recibe notificaciones sobre menciones de palabras clave específicas.

Pros:
- Excelente para el análisis de tendencias de contenido
- Fácil de usar
- Informes detallados sobre rendimiento de contenido

Contras:
- Costoso para pequeñas empresas
- La versión gratuita tiene funcionalidades limitadas

Estas herramientas son esenciales para implementar y optimizar estrategias de growth hacking. Cada una ofrece características específicas que pueden ayudarte a analizar, experimentar y mejorar continuamente tus esfuerzos de marketing digital, impulsando el crecimiento de tu negocio de manera efectiva.

Sincronización de Datos

La integración efectiva implica sincronizar datos entre diferentes herramientas para tener una visión unificada y coherente de tus métricas y rendimiento.

- API y Webhooks: Utiliza las APIs y webhooks disponibles para sincronizar datos automáticamente entre herramientas.
- Plataformas de Integración: Herramientas como Zapier o Integromat pueden facilitar la integración y automatización de tareas entre diferentes plataformas.

Monitoreo y Ajuste Continuo

La integración no es un proceso de una sola vez. Debes monitorear constantemente el rendimiento de tus herramientas y ajustar tus estrategias en función de los datos obtenidos.

- Paneles de Control: Crea paneles de control que consoliden datos de todas tus herramientas para una vista integral del rendimiento.
- Análisis Regular: Realiza análisis regulares para identificar áreas de mejora y oportunidades de optimización.

Capacitación y Colaboración

Asegúrate de que tu equipo esté capacitado para usar las herramientas integradas y fomentar una cultura de colaboración.

- **Capacitación:** Ofrece formación continua para que tu equipo pueda sacar el máximo provecho de las herramientas.
- **Colaboración:** Fomenta la colaboración entre diferentes departamentos para garantizar que todos trabajen hacia los mismos objetivos.

Integrar herramientas de growth hacking en tu estrategia de crecimiento te permitirá optimizar tus procesos, mejorar la toma de decisiones y, en última instancia, acelerar el crecimiento de tu negocio. La clave está en elegir las herramientas adecuadas, usarlas de manera efectiva y asegurarte de que están alineadas con tus objetivos estratégicos.

Capítulo 10: Plan de Acción para tu Estrategia

En este capítulo final, nos enfocaremos en la implementación práctica de todo lo aprendido a lo largo de este libro. El growth hacking no es solo teoría; se trata de acción, experimentación y constante evolución. Para lograr un crecimiento sostenible y escalable, es crucial tener un plan de acción bien definido que guíe tus esfuerzos y te mantenga en el camino correcto.

La Importancia de un Plan de Acción

Un plan de acción sólido te proporciona una hoja de ruta clara, permitiendo que tu equipo se enfoque en las tareas críticas y priorice las iniciativas que generarán el mayor impacto. Sin un plan estructurado, es fácil perderse en la multitud de tácticas disponibles, dispersar esfuerzos y no lograr resultados significativos.

Elementos Clave del Plan de Acción

Para construir un plan de acción efectivo, es necesario considerar varios elementos clave que asegurarán que tus estrategias de growth hacking sean ejecutadas de manera eficiente y eficaz.

1. Definición de Objetivos

Los objetivos deben ser claros, específicos, medibles, alcanzables, relevantes y temporales (SMART). Establecer metas concretas te ayudará a mantener el enfoque y evaluar el éxito de tus iniciativas.

2. Identificación de Métricas Clave

Las métricas clave (KPIs) te permitirán monitorear el progreso hacia tus objetivos. Estas métricas deben alinearse con tus metas y proporcionarte información útil para la toma de decisiones.

3. Selección de Tácticas y Estrategias

Basándote en los conocimientos adquiridos en capítulos anteriores, selecciona las tácticas y estrategias que mejor se adapten a tus objetivos y recursos disponibles. Prioriza las acciones que tengan el potencial de generar el mayor impacto.

4. Asignación de Recursos

Determina los recursos necesarios para llevar a cabo tu plan, incluyendo tiempo, presupuesto y personal. Asegúrate de asignar los recursos de manera adecuada para cada tarea.

5. Implementación de Pruebas y Experimentos

El growth hacking se basa en la experimentación continua. Diseña y ejecuta pruebas para validar tus hipótesis y optimizar tus tácticas. Documenta los resultados y aprende de cada experimento para mejorar tus estrategias.

6. Monitoreo y Análisis

Monitorea constantemente tus métricas clave y analiza los resultados de tus pruebas. Ajusta tus tácticas según sea necesario para maximizar el impacto y alcanzar tus objetivos.

7. Iteración y Mejora Continua

El proceso de growth hacking es cíclico. Itera sobre tus estrategias y tácticas basándote en los resultados obtenidos, buscando siempre mejorar y optimizar tus esfuerzos.

Cómo Diseñar y Ejecutar tu Propio Plan de Growth Hacking

El diseño y la ejecución de un plan de growth hacking exitoso requieren una combinación de creatividad, análisis de datos y una mentalidad orientada a la experimentación. A continuación, se presenta una guía paso a paso para ayudarte a diseñar y ejecutar tu propio plan de growth hacking.

Paso 1: Definir Objetivos SMART
¿Qué son los Objetivos SMART?
Los objetivos SMART son específicos, medibles, alcanzables, relevantes y temporales. Esta metodología asegura que tus metas sean claras y alcanzables.

Ejemplo:

- **Específico:** Aumentar las suscripciones al boletín informativo.
- **Medible:** Incrementar en un 20% las suscripciones en tres meses.
- **Alcanzable:** Basado en el crecimiento actual y las nuevas tácticas planificadas.
- **Relevante:** Aumentar las suscripciones mejorará la retención y conversión.
- **Temporal:** Lograrlo en un plazo de tres meses.

Paso 2: Identificar Métricas Clave (KPIs)
Ejemplo de KPIs:

- Tasa de conversión de visitantes a suscriptores.
- Tasa de retención de usuarios.
- Costo por adquisición (CPA).
- Valor de vida del cliente (CLV).

Paso 3: Seleccionar Tácticas y Estrategias
Tácticas Comunes de Growth Hacking:

- **SEO y Contenidos:** Crear contenido optimizado para atraer tráfico orgánico.
- **Marketing Viral:** Implementar estrategias para que los usuarios compartan tu producto.
- **Optimización de Conversiones:** Mejorar la experiencia del usuario y las llamadas a la acción en tu sitio web.

Paso 4: Asignación de Recursos
Consideraciones:
- Presupuesto: Asigna fondos para cada táctica seleccionada.
- Tiempo: Establece plazos realistas para la implementación.
- Personal: Designa responsables para cada tarea clave.

Paso 5: Implementación de Pruebas y Experimentos
Método:
- Hipótesis: Define qué esperas lograr con cada experimento.
- Pruebas A/B: Compara dos versiones de una página o funcionalidad para ver cuál funciona mejor.
- Documentación: Registra los resultados y análisis de cada prueba.

Paso 6: Monitoreo y Análisis
Herramientas Sugeridas:
- Google Analytics: Para seguimiento de tráfico y comportamiento del usuario.
- Hotjar: Para entender cómo interactúan los usuarios con tu sitio web.
- Mixpanel: Para análisis de eventos y comportamiento del usuario.

Paso 7: Iteración y Mejora Continua

Proceso:

- Revisión de Resultados: Analiza los datos obtenidos y ajusta tus tácticas según sea necesario.
- Feedback: Recopila retroalimentación de los usuarios para entender mejor sus necesidades.
- Optimización: Implementa mejoras basadas en los resultados y el feedback recibido.

Ejemplo de Implementación

Caso Práctico: Incremento de Suscripciones

Objetivo SMART: Incrementar las suscripciones al boletín informativo en un 20% en tres meses.

Métricas Clave: Tasa de conversión de visitantes a suscriptores.

Tácticas Seleccionadas:

- Crear una serie de artículos de blog optimizados para SEO sobre temas relevantes para tu audiencia.
- Implementar un pop-up de suscripción en el sitio web.
- Ofrecer un incentivo, como un eBook gratuito, a cambio de la suscripción.

Asignación de Recursos:

Presupuesto para la creación de contenido y diseño del pop-up.

Tiempo estimado para la implementación: 4 semanas.

Personal: equipo de marketing y desarrollo web.

Implementación de Pruebas:
- Prueba A/B para diferentes diseños de pop-up.
- Hipótesis: un pop-up más llamativo incrementará la tasa de conversión.

Monitoreo: Utilizar Google Analytics y Hotjar para seguimiento y análisis.

Iteración:
- Revisar los datos de las pruebas A/B.
- Implementar mejoras basadas en los resultados y continuar iterando.

El growth hacking es un proceso continuo de prueba y error, basado en datos y en una mentalidad innovadora. Al seguir estos pasos y adaptar las tácticas a tu negocio, podrás diseñar y ejecutar un plan de growth hacking efectivo que impulse el crecimiento y la sostenibilidad de tu empresa.

Evaluación y Ajuste de la Estrategia Basada en Resultados

La fase de evaluación y ajuste es crucial para el éxito de cualquier estrategia de growth hacking. Implica un análisis detallado de los resultados obtenidos y la implementación de cambios necesarios para optimizar el rendimiento. Aquí se explica cómo realizar esta evaluación y ajuste de manera efectiva.

Paso 1: Recopilación de Datos
Herramientas y Métricas

- **Google Analytics:** Para obtener datos sobre tráfico web, comportamiento de los usuarios y conversiones.
- **Mixpanel:** Para el seguimiento de eventos específicos y el comportamiento de los usuarios.
- **Hotjar:** Para comprender cómo interactúan los usuarios con tu sitio web mediante mapas de calor y grabaciones.
- **CRM (Customer Relationship Management):** Para seguimiento de interacciones con clientes y análisis de datos de ventas.

Paso 2: Análisis de Resultados
Indicadores Clave (KPIs)

- **Tasa de Conversión:** Porcentaje de visitantes que completan una acción deseada (suscripción, compra, etc.).
- **Tasa de Retención:** Porcentaje de usuarios que continúan utilizando el producto o servicio durante un período determinado.
- **Valor de Vida del Cliente (CLV):** Ingreso total que un cliente aporta a lo largo de su relación con la empresa.
- **Costo por Adquisición (CPA):** Costo promedio para adquirir un nuevo cliente.

Métodos de Análisis

- **Comparación Temporal:** Comparar los resultados actuales con periodos anteriores para identificar tendencias.
- **Segmentación de Usuarios:** Analizar el comportamiento de diferentes segmentos de usuarios para identificar patrones y oportunidades de mejora.
- **Análisis de Cohortes:** Examinar cómo diferentes grupos de usuarios se comportan a lo largo del tiempo.

Paso 3: Identificación de Áreas de Mejora
Evaluación de Tácticas

- **Eficiencia de Canales:** Determinar qué canales de adquisición están proporcionando los mejores resultados.
- **Tasas de Conversión:** Identificar las etapas del embudo de ventas donde los usuarios abandonan.
- **Feedback de Usuarios:** Recopilar y analizar comentarios de los usuarios para identificar áreas de fricción o insatisfacción.

Ejemplos Prácticos

- **Optimización de Landing Pages:** Si la tasa de conversión en una página de destino es baja, podría ser necesario ajustar el diseño, el copy o la oferta.
- **Ajuste de Campañas Publicitarias:** Si el CPA es alto en una campaña específica, revisar y ajustar la segmentación, los anuncios o el presupuesto.

Paso 4: Implementación de Ajustes
Estrategias de Mejora

- **Pruebas A/B Continuas:** Realizar pruebas A/B para comparar diferentes versiones de páginas, correos electrónicos y anuncios.
- **Personalización:** Implementar estrategias de personalización basadas en el comportamiento y las preferencias de los usuarios.
- **Automatización del Marketing:** Utilizar herramientas de automatización para optimizar la comunicación y el seguimiento con los usuarios.

Casos de Uso

- **Caso A:** Ajuste de una campaña de correo electrónico basándose en la tasa de apertura y clics. Si las tasas son bajas, probar diferentes líneas de asunto, contenidos y horarios de envío.
- **Caso B:** Optimización de la experiencia del usuario (UX) en el sitio web. Si los mapas de calor muestran que los usuarios no interactúan con ciertos elementos, rediseñar esos elementos para mejorar la usabilidad.

Paso 5: Monitorización Continua
Ciclo de Feedback y Mejora Continua

- **Revisión Regular:** Establecer intervalos regulares (mensuales, trimestrales) para revisar los resultados y ajustar las estrategias.
- **Retroalimentación Constante:** Mantener un canal abierto para recibir feedback continuo de los usuarios y empleados.

- **Iteración:** Basado en los datos y el feedback, realizar iteraciones constantes para mejorar las tácticas y estrategias.

Herramientas de Seguimiento

- **Paneles de Control (Dashboards):** Crear dashboards personalizados que muestren las métricas clave en tiempo real.
- **Alertas de Rendimiento:** Configurar alertas para ser notificado de cambios significativos en las métricas clave.

Recursos Adicionales y Próximas Tendencias

Es un campo en constante evolución, y estar al tanto de los recursos adicionales y las próximas tendencias es fundamental para mantenerse competitivo y aprovechar al máximo las oportunidades de crecimiento. A continuación, se presentan algunos recursos y tendencias que vale la pena explorar:

1. Comunidades y Foros en Línea

- Reddit: Subreddits como r/growthhacking y r/startups ofrecen discusiones y consejos prácticos sobre growth hacking y emprendimiento.
- Hacker News: Una comunidad en línea popular entre los emprendedores y profesionales de la tecnología, donde se comparten noticias, tendencias y experiencias.

2. Blogs y Sitios Web Especializados
- GrowthHackers: Una plataforma dedicada al intercambio de estrategias, tácticas y casos de estudio de growth hacking.
- Neil Patel: El blog de Neil Patel ofrece una amplia gama de recursos sobre marketing digital y growth hacking, incluyendo guías detalladas y herramientas gratuitas.

3. Libros y Publicaciones
- "Growth Hacker Marketing" de Ryan Holiday: Este libro ofrece una introducción clara y concisa al concepto de growth hacking y cómo aplicarlo en el marketing.
- "Hacking Growth" de Sean Ellis y Morgan Brown: Los autores comparten sus experiencias y estrategias para impulsar el crecimiento en empresas de diferentes tamaños y sectores.

4. Cursos y Certificaciones
- Cursos en línea: Plataformas como Coursera, Udemy y LinkedIn Learning ofrecen una variedad de cursos sobre growth hacking, marketing digital y analítica web.
- Certificaciones Especializadas: Obtener certificaciones en áreas específicas como SEO, analítica web y automatización del marketing puede mejorar tus habilidades y credenciales en el campo.

5. Próximas Tendencias
- Inteligencia Artificial (IA) y Machine Learning: La IA está siendo cada vez más utilizada en el marketing digital para automatizar procesos, personalizar la experiencia del usuario y predecir comportamientos.
- Realidad Aumentada (RA) y Virtual (RV): Estas tecnologías ofrecen nuevas formas de interactuar con los clientes y crear experiencias de marca únicas y envolventes.
- Voice Search Optimization: Con el crecimiento de los asistentes de voz como Siri y Alexa, optimizar el contenido para búsquedas por voz se está convirtiendo en una estrategia clave para llegar a los usuarios.

Estar al tanto de los recursos adicionales y las próximas tendencias en growth hacking te ayudará a mantener tu ventaja competitiva y aprovechar al máximo las oportunidades de crecimiento. Continúa explorando, aprendiendo y experimentando con nuevas estrategias y herramientas para impulsar el crecimiento sostenible de tu negocio.

Glosario de Términos

A

- **Adquisición de Usuarios:** Proceso de atraer nuevos usuarios a un producto o servicio.
- **A/B Testing:** Método de comparar dos versiones de una página web, correo electrónico u otro activo de marketing para ver cuál funciona mejor.
- **API (Interfaz de Programación de Aplicaciones):** Conjunto de reglas y herramientas para construir software y aplicaciones que permiten la interacción entre diferentes sistemas.

B

- **Buyer Persona:** Representación semi-ficticia del cliente ideal basada en datos reales y supuestos informados.

C

- **CAC (Costo de Adquisición de Clientes):** Costo promedio de adquirir un nuevo cliente.
- **Churn Rate (Tasa de Deserción):** Porcentaje de clientes que dejan de usar un producto o servicio durante un período de tiempo determinado.
- **Conversion Rate (Tasa de Conversión):** Porcentaje de usuarios que completan una acción deseada (compra, suscripción, etc.).

- **CLV (Customer Lifetime Value):** Valor total estimado que un cliente aporta a lo largo de su relación con la empresa.
- **CTR (Click-Through Rate):** Porcentaje de personas que hacen clic en un enlace en comparación con el número total de personas que vieron el enlace.
- **CRM (Customer Relationship Management):** Estrategia y tecnología utilizada para gestionar las relaciones e interacciones con los clientes actuales y potenciales.

D

- **DAU (Daily Active Users):** Número de usuarios únicos que interactúan con un producto o servicio en un día determinado.
- **Data-Driven:** Toma de decisiones basada en la recopilación y análisis de datos.

E

- **Engagement Rate:** Medida de la interacción de los usuarios con el contenido, como likes, shares y comentarios.
- **Experimentación:** Proceso de probar y validar nuevas ideas o hipótesis para mejorar las métricas de crecimiento.

F

- **Funnel:** Representación del proceso de conversión de un visitante a cliente, dividido en etapas como conciencia, interés, decisión y acción.

- **Freemium:** Modelo de negocio que ofrece un producto o servicio básico de forma gratuita, pero cobra por características premium o adicionales.

G

- **Growth Hacking:** Estrategia de marketing enfocada en el crecimiento rápido y sostenible de un producto o servicio mediante experimentación y uso de datos.
- **Google Analytics:** Herramienta de análisis web que ofrece estadísticas y herramientas analíticas básicas para la optimización de motores de búsqueda (SEO) y marketing.

H

- **Hustle:** Mentalidad y esfuerzo constante para encontrar y aprovechar oportunidades de crecimiento.

K

- **KPI (Key Performance Indicator):** Métrica clave utilizada para medir el rendimiento de una actividad o estrategia.

L

- **Landing Page:** Página web diseñada específicamente para convertir visitantes en leads o clientes.

- **LTV (Lifetime Value):** Ver CLV (Customer Lifetime Value).

M

- **Marketing de Contenidos:** Estrategia de creación y distribución de contenido valioso y relevante para atraer y retener a una audiencia definida.
- **MVP (Minimum Viable Product):** Versión básica de un producto que permite recopilar la máxima cantidad de aprendizaje validado con el menor esfuerzo.

N

- **NPS (Net Promoter Score):** Medida de la disposición de los clientes a recomendar el producto o servicio a otros.

O

- **Onboarding:** Proceso de incorporación de nuevos usuarios, asegurando que entiendan cómo utilizar el producto o servicio para obtener el máximo valor.

P

- **Product-Market Fit:** Grado en el que un producto satisface una fuerte demanda del mercado.
- **Push Notifications:** Mensajes emergentes enviados a los usuarios a través de aplicaciones móviles o navegadores web.

R

- **Retention Rate (Tasa de Retención):** Porcentaje de clientes que continúan utilizando el producto o servicio durante un período determinado.
- **ROI (Return on Investment):** Métrica utilizada para evaluar la eficiencia o rentabilidad de una inversión.

S

- **SEO (Search Engine Optimization):** Proceso de mejorar la visibilidad de un sitio web en los resultados de búsqueda de los motores de búsqueda.
- **SEM (Search Engine Marketing):** Forma de marketing en Internet que implica la promoción de sitios web aumentando su visibilidad en las páginas de resultados de los motores de búsqueda a través de publicidad paga.

T

- **Tasa de Activación:** Porcentaje de usuarios que alcanzan un hito específico que indica que han comenzado a usar activamente el producto.
- **Tasa de Abandono:** Ver Churn Rate.
- **Tasa de Conversión:** Ver Conversion Rate.

U

- **UX (User Experience):** Experiencia del usuario, abarca todos los aspectos de la interacción del usuario final con la empresa, sus servicios y sus productos.

V

- **Viral Loop:** Estrategia en la que cada usuario adquirido trae a más usuarios al producto o servicio, creando un efecto de bola de nieve.

W

- **Web Analytics:** Medición, recopilación, análisis y presentación de datos de Internet con el propósito de entender y optimizar el uso web.

Este glosario cubre los términos esenciales mencionados en los capítulos del libro y proporciona una referencia rápida para comprender los conceptos clave del growth hacking.

Agradecimientos Finales

Querido lector,

Gracias por haber adquirido y leído "Growth Hacking: Técnicas para Acelerar tu Negocio". Ha sido un honor compartir contigo las estrategias y conocimientos que he recopilado a lo largo de mi carrera. Mi objetivo con este libro es proporcionarte herramientas prácticas y valiosas para que puedas llevar tu negocio al siguiente nivel.

Espero que las técnicas y consejos presentados aquí te ayuden a enfrentar los desafíos del crecimiento empresarial con confianza y creatividad. Recuerda que el camino del growth hacking es un viaje continuo de aprendizaje, experimentación y adaptación. Cada paso que des hacia adelante, cada pequeña victoria, te acercará más a tus objetivos.

Te animo a aplicar lo aprendido, a seguir explorando nuevas ideas y a mantener siempre una mentalidad abierta y dispuesta a innovar. Tu éxito es una fuente de inspiración y estoy seguro de que lograrás grandes cosas.

Gracias por permitirme ser parte de tu viaje. Te deseo el mayor de los éxitos en todos tus emprendimientos y espero que este libro haya sido un recurso valioso en tu camino hacia el crecimiento exponencial.

Con gratitud y los mejores deseos,

Leandro Rodríguez

Growth Hacking: Técnicas para Acelerar tu Negocio

¿Listo para transformar tu negocio? Descubre cómo aplicar las estrategias de growth hacking para lograr un crecimiento rápido y sostenible.

En este libro aprenderás:

- Conceptos y Mentalidad del Growth Hacker: Adopta una mentalidad innovadora para identificar oportunidades de crecimiento.
- Estrategias de Adquisición y Retención: Atrae y fideliza usuarios con tácticas efectivas.
- Optimización y Herramientas Avanzadas: Utiliza pruebas A/B y análisis de datos para mejorar tus estrategias.
- Casos de Estudio Reales: Inspírate con ejemplos exitosos y aplica sus enseñanzas.
- Plan de Acción Personalizado: Diseña y ejecuta tu propio plan de growth hacking y muchos temas más.

Es tu guía completa y esencial para dominar el marketing digital y llevar tu empresa a nuevas alturas.